Les mots célèbres de l'Histoire

Daniel Lacotte

Les mots célèbres de l'Histoire

Albin Michel

22, rue Huyghens, 75014 Paris
www.albin-michel.fr
ISBN 2-226-13756-4

Pour Dominique,
Guillaume et Mathilde.

« Ce sont les événements qui commandent aux hommes et non les hommes aux événements. »

Hérodote, *Histoires*.

Préface

Dans une fable savoureuse intitulée *L'ours et l'amateur des jardins*, Jean de La Fontaine (1621-1695) nous enseigne : « Il est bon de parler, et meilleur de se taire. » Affirmation confirmée par un proverbe du XVIIe siècle : « La parole est d'argent mais le silence est d'or. » En tout point, le contenu de ce livre s'attache à prouver le contraire ! Car tous ceux qui refusèrent un mutisme distant furent particulièrement inspirés en nous proposant un éclat de leur éloquence.

Certes, l'homme parle. La femme aussi d'ailleurs ! Parfois il leur arrive même de bavarder. De dialoguer. Aujourd'hui, les pédants diraient : de communiquer. Pourtant cette faculté à construire des phrases qui visent à charpenter un discours cohérent entretient l'illusion de l'échange. Car il existe maintes silhouettes nuancées dans l'art de la parole.

Beaucoup jaspinent ou jacassent. Souvent ils trahissent ainsi une fâcheuse tendance. En effet, un œil correctement exercé perçoit aussitôt leur pressant besoin de s'adonner sans retenue à la culture de l'égocentrisme. Certains se contentent de tchatcher, sans même s'en rendre compte. D'autres baratinent en espérant une hypothétique récompense à leur piètre logorrhée.

Restent encore quelques beaux parleurs, brillants et zélés, pour palabrer. Tandis que d'obscurs fanfarons, pourtant recrus de fatigue, s'obstinent à marteler un improbable salmigondis. Comme si leurs infatuées rodomontades suffisaient à cacher la niaiserie du propos. Quant à ceux qui ne maîtrisent pas suffisamment les subtilités du bagout, ils se contentent de bavasser ou de papoter, saisis par l'irrépressible nécessité de s'occuper la langue en tourneboulant maladroitement le langage.

Pour leur part, les personnalités qui figurent dans cet ouvrage appartiennent à une lignée d'infatigables orateurs. Dans leur registre, tous possèdent un indéniable talent. Ainsi savent-ils haranguer leurs soldats, comme Philippe VI (« Qui m'aime me suive ! ») ou Henri IV (« Ralliez-vous à mon panache blanc ! ») ; tandis que Danton, lui, s'évertue à convaincre ses pairs et à galvaniser le peuple (« Il nous faut de l'audace, encore de l'audace, toujours de l'audace, et la France est sauvée ! »).

Le plus souvent la verve s'exprime avec naturel et sincérité. Ce qui, parfois, n'exclut pas une emphase plus ou moins boursouflée. Voire une dédaigneuse arrogance que l'on retrouve par exemple chez Manon Roland (« Montez, monsieur, vous n'auriez pas la force de me voir mourir »). Encore que l'on puisse ici se demander, à quelques minutes de la mort, si un tel mot ne relève pas plutôt d'une exceptionnelle force de caractère. D'ailleurs, en cet instant fatal, ils sont légion à se montrer diserts : Vespasien (« Un empereur doit mourir debout ») ; François Rabelais (« La farce est jouée ») ; Marie-Antoinette (« Monsieur, je vous demande excuse, je ne l'ai pas fait exprès ») ; Danton (« Tu montreras ma tête au peuple, elle en vaut la peine ») ; Cambronne (« La garde meurt et ne se rend pas »), etc.

En toutes occasions, le statut de tribun patenté n'autorise apparemment pas le moindre écart. Impossible de se laisser distraire ou de chanter la péronnelle [1]. Car avoir la langue bien pendue implique un sens aigu de la réplique théâtrale. Mais là, chacun ne fréquente pas l'improvisation avec la même agilité. Et pour ne point affaiblir l'impact d'une formule qui se doit de survivre, laborieux, sérieux ou timides ne rechignent jamais à la préparation. Ils cisèlent habilement l'œuvre avant de la jouer.

Ainsi peut-on déceler, ici ou là, cet évident souci d'un calcul amusé : Pyrrhus (« Encore une victoire semblable et nous sommes perdus ») ; Antoine Boulay de la Meurthe (« C'est pire qu'un crime, c'est une faute ») ; Talleyrand (« C'est une nouvelle, ce n'est plus un événement ») ; Louis-Philippe (« La république a bien de la chance ! Elle peut tirer sur le peuple ») ; Charles de Gaulle (« Je vous ai compris ! » ; « Vive le Québec libre ! » ; « La réforme, oui, la chienlit, non ! »).

Bien évidemment, il y a toujours une aisance certaine chez les plus prompts à discourir. Seuls, à deux ou en groupe, parfois face à une foule impressionnante venue boire leurs paroles, ces esthètes jubilent. Ou se gaussent sous cape de leurs sournois et hypocrites sarcasmes en forme de saillies : Henri IV (« Paris vaut bien une messe ») ; Mazarin (« Qu'ils chantent ! Pourvu qu'ils paient ») ; Adolphe Thiers (« Chef, c'est un qualificatif de cuisinier ») ; Georges Clemenceau (« Il est mort comme il a vécu, en sous-lieutenant ») ; Foch (« Je pré-

1. Dire des sottises.

fère une armée de moutons commandée par un lion, plutôt qu'une armée de lions commandée par un âne »).

Un proverbe prétend : « Les paroles s'envolent, les écrits restent. » Sauf que les premières savent parfois se figer sur la page. Audacieux tribuns qui peuvent avec brio amuser le tapis, courageux orateurs qui abusent du crachoir, imprudents gaffeurs ou incurables bavards, tous ont forgé l'histoire dans la puissante vérité des mots.

A

A cœur vaillant, rien d'impossible.

Jacques Cœur. 1449.

Financier de génie, Jacques Cœur accumulera une fortune considérable tout au long de sa vie. Son sens inné du commerce le pousse, entre autres, à nouer des relations marchandes avec les pays méditerranéens alors aux mains des redoutables négociants génois et vénitiens. Mais son habileté s'exprime aussi dans l'art de la spéculation, en particulier sur le marché des métaux précieux. En outre Jacques Cœur a l'intelligence de diversifier ses affaires. Il déploie son activité dans des registres très étendus : banque, commerce de la fourrure, des épices et des draps. Son succès le pousse à créer des comptoirs dans de nombreuses villes de France, mais aussi en Afrique, Egypte, Syrie et Italie.

Ce brillant financier connaît une irrésistible ascension sous le règne de Charles VII (1403-1461) dont il devient le banquier. Il accepte également des fonctions officielles comme celles de maître des monnaies (1436) ou d'argentier du roi, c'est-à-dire ministre des Finances (1439). Aussi Jacques Cœur joue-t-il un rôle de premier plan dans la reconquête et la réorganisation du royaume.

Au traité de Troyes (1420), Charles VII avait été déshérité par sa mère au profit d'Henri VI d'Angleterre. Réfugié à Chinon après la mort de son père (1422), il n'était alors reconnu que par les Armagnacs, dans le Sud-Ouest et le Midi. Mais Jeanne d'Arc va délivrer Orléans et faire sacrer Charles VII à Reims (1429).

Commence alors la libération du pays par une chasse méthodique des garnisons anglaises : dans l'Orléanais, la Champagne, le Vendômois, la Brie. Une fois Paris repris (1436), Charles VII modernise le pays. Il entreprend notamment des réformes monétaires et fiscales inspirées par Jacques Cœur. En outre celui-ci prête au souverain des sommes considérables pour qu'il poursuive sa lutte contre les Anglais. Charles VII reprend la Normandie à la bataille de Formigny (1450) et la Guyenne à celle de Castillon (1453) qui marque la fin de la guerre de Cent Ans.

Protégé par Agnès Sorel, la maîtresse du roi (première favorite officielle de l'histoire de France), Jacques Cœur va devenir l'un des personnages les plus en vue du royaume. De surcroît, sa position d'argentier lui donne d'immenses pouvoirs. Certes, il les met astucieusement au service de la nation, mais sans jamais oublier la prospérité de ses affaires personnelles ! De négociant, Jacques Cœur devient teinturier, puis fabricant de pâte à papier et de chiffons. Il se lance même dans l'exploitation des mines d'argent et de plomb. Et lorsque Charles VII l'anoblit en 1440, il prend pour devise : « A vaillant cœur, rien impossible. » L'expression va évoluer, puis se transformer en proverbe sous la forme plus connue : « A cœur vaillant, rien d'impossible. »

Jacques Cœur sera arrêté le 31 juillet 1451. Accusé de malversation et de conspiration, il est condamné à mort. La peine est finalement commuée en bannissement (29 mai 1453). Tous ses biens sont confisqués et le « cœur vaillant » se réfugie auprès du pape Nicolas V. Pour le compte de son successeur, Calixte III, Jacques Cœur organise une croisade contre les Infidèles au cours de laquelle il meurt (blessé ou malade) dans l'île de Chio.

Alea jacta est.

Jules César. Nuit du 11 au 12 janvier, 49 av. J.-C.

Minuscule rivière se jetant dans l'Adriatique, le Rubicon (aujourd'hui Fiumicino) servait de frontière entre la Gaule cisalpine et l'Italie. Il fallait une autorisation du sénat à tout général romain qui voulait franchir le Rubicon pour rentrer en Italie à la tête de ses troupes. Cette décision visait à protéger le pays d'un retour belliqueux de ses propres enfants tout auréolés de conquêtes et disposant d'une puissante armée.

Après la mort de Crassus, Pompée se fait nommer consul unique (52 av. J.-C). Il comprend que Jules César, proconsul des Gaules, représente un réel danger (Crassus, Pompée et César se partageaient auparavant le pouvoir au sein d'un triumvirat). Soutenu par le sénat romain, Pompée retire alors tout commandement à César et veut démanteler son armée. Celui-ci n'accepte bien évidemment pas la sentence et il décide donc de marcher sur Rome après l'échec d'une ultime conciliation.

Arrivé sur l'une des rives du Rubicon, César hésite. Puis, avant de prendre la décision de poursuivre sa route, il aurait finalement tranché : « *Alea jacta est* » (Le sort en est jeté). Ce passage du Rubicon marquera le début de la guerre civile qui durera quatre ans.

Face à la détermination de César, s'ensuit une lutte impitoyable entre les armées des deux hommes. Le choc décisif se déroule à Pharsale (Grèce), le 9 août de l'an 48 av. J.-C. Pompée fuit en Egypte. Il sera assassiné le 28 septembre, à Péluse. On comprend mieux pourquoi l'expression « franchir le Rubicon » signifie aujourd'hui : passer hardiment à l'action, prendre une décision irrévocable.

Allons, finissons-en, Charles attend.

Louis XVIII. Septembre 1824.

Après Coblence où il se réfugie dès juin 1791, le frère de Louis XVI, le comte de Provence, s'installe par la suite en Italie, Russie et Angleterre. Il tente alors de mobiliser les monarques européens contre les révolutionnaires. Mais le futur Louis XVIII ne rentre en France qu'en avril 1814, après l'abdication de Napoléon Ier. Il restaure une monarchie constitutionnelle garantie par une Charte (juin 1814), doit de nouveau s'exiler à Gand pendant les Cent-Jours, puis retrouve son trône en juillet 1815, après la seconde capitulation de l'Empereur.

Favorable à une « politique du juste milieu », le roi doit cependant subir le harcèlement des monarchistes extrémistes, les ultras, conduits par son propre frère, le comte d'Artois (futur Charles X). Malgré tout, la France connaît enfin une période de paix et de prospérité en dépit de l'instabilité de la politique menée. En effet, le souverain doit sans cesse composer avec les ultras ou avec les libéraux.

Souffrant d'un solide embonpoint, Louis XVIII se résigne progressivement à l'immobilité. Devenu impotent, il va lui-même se baptiser le « Roi-Fauteuil », non sans renoncer à des excès d'étiquette et de pédantisme qui exaspèrent profondément son entourage. Mais le monarque montre aussi un immense courage face à la douleur.

Son état se dégrade de mois en mois. Incapable de tenir une plume, mais ayant conservé toutes ses facultés intellectuelles, le roi ne renonce pas. Louis XVIII tient à assumer les obligations de sa charge jusqu'au dernier souffle, même si chacun de ses déplacements devient quasiment insoutenable.

Vers le début du mois de septembre 1824, Louis XVIII sent sa fin prochaine. Il accepte alors de rester alité. Résigné, il lâche un jour à l'un de ses médecins : « Finissons-en, Charles attend. » Louis XVIII s'éteint le 16 septembre 1824. Son frère Charles X lui succède.

Certains historiens ont cru déceler dans ce propos l'existence d'un mauvais calembour. Ils prétendent que le roi aurait prononcé cette phrase en écartant un médecin qui s'approchait de son lit. Le « Charles attend » prenant alors une tout autre dimension (charlatan) !

A présent, je suis roi !

Henri III. Blois, 23 décembre 1588.

Cette fois, le souverain perd pied ! Au pouvoir depuis 1574, Henri III n'a pas vraiment convaincu. Certes le roi s'efforce de préserver l'unité d'un pays déchiré par les guerres de religion. Mais ses extravagances déroutent l'opinion. D'autant que la conduite de ses mignons (favoris homosexuels volontiers querelleurs) contribue à discréditer le pouvoir. Aussi les catholiques fanatiques s'appuient-ils sur la Ligue (association de virulents opposants au protestantisme) pour mener une campagne active contre Henri III.

Ces ligueurs possèdent un chef charismatique en la personne du prestigieux Henri de Guise, dit le Balafré. Survient alors la mort du frère d'Henri III (1684). Les passions se déchaînent. En effet, le successeur légitime s'appelle désormais Henri de Bourbon, roi de Navarre (futur Henri IV)... et chef des protestants !

Au printemps 1588, Henri de Guise et ses ligueurs règnent sur Paris. Au point que le souverain doit fuir à Blois. Maîtres de la capitale, ces ultracatholiques prononcent même la déchéance du monarque et organisent une espèce de gouvernement révolutionnaire qui prend pour roi le vieux cardinal de Bourbon (oncle d'Henri de Navarre). Acculé, Henri III se décide à agir.

Peut-être grisé par le triomphe et par un pouvoir qu'il sent à portée de main, Henri de Guise accepte l'invitation du souverain. Il se rend à Blois sans escorte. Le 23 décembre 1588, le Balafré tombe sous les coups de poignard du dernier carré de la garde rapprochée du roi. Et lorsque l'un de ses plus fidèles soldats vient lui annoncer que le guet-apens a parfaitement fonctionné, Henri III réplique : « A présent, je suis roi ! »

Quelques mois plus tard, un moine dominicain vengera les ligueurs en poignardant à son tour Henri III qui venait de se rapprocher d'Henri de Navarre en le désignant comme son successeur officiel. Et il ne faudra attendre que trois décennies pour que Louis XIII, fils d'Henri IV, utilise une formule très proche.

Louis XIII n'a pas encore neuf ans lorsqu'il est sacré à Reims (17 octobre 1610) après l'assassinat de son père. La mère du jeune souverain, Marie de Médicis, assure la régence avec Concini. Aventurier d'origine italienne, Concini s'était rendu célèbre à Florence pour ses escroqueries et pour son goût prononcé de la débauche. En 1600, son oncle (secrétaire d'Etat du grand-duc de Toscane) l'incite à rejoindre la garde de Marie de Médicis qui se rend alors en France pour épouser Henri IV. Concini épouse Léonora Galigaï, sœur de lait, confidente et femme de chambre de la nouvelle reine. Habile, ambitieux et beau parleur, Concini s'attire sans peine la sympathie de Marie de Médicis. Et le couple obtient faveurs et considération.

Après la mort d'Henri IV (14 mai 1610), Concini achète le marquisat d'Ancre (dans la région picarde).

Nommé gouverneur de Normandie et maréchal de France (sans jamais avoir commandé la moindre armée), il se débarrasse de Sully et devient tout-puissant. Avide et tyrannique, haï du peuple autant que de la noblesse, le maréchal résiste. Mais, en 1617, Luynes, compagnon d'enfance de Louis XIII, convainc le souverain : il faut assassiner Concini.

Le 24 avril, le maréchal tombe à l'entrée de la cour du Louvre, exécuté par Vitry, capitaine des gardes. Lorsque Louis XIII apprend la mort de Concini de la bouche du maréchal d'Ornano, le roi remercie et calque donc sa réplique sur celle d'Henri III : « A cette heure, je suis roi. » Enseveli discrètement dès le lendemain de sa mort, Concini sera déterré par le peuple de Paris, puis suspendu à un gibet du Pont-Neuf. La foule découpera son corps en morceaux.

Après le pain, l'éducation est le premier besoin du peuple.

Georges Danton. Paris, 13 août 1793.

La prise des Tuileries (10 août 1792) entraîne la chute de la monarchie et la déchéance du roi, incarcéré avec sa famille à la prison du Temple. Tout va ensuite très vite. Dès sa première séance (21 septembre 1792), la Convention entérine l'abolition de la royauté. Le lendemain, elle proclame la naissance de la République française, première du nom, une et indivisible. Le procès du souverain commence le 11 décembre. Louis XVI est exécuté le 21 janvier 1793.

Nommé ministre de la Justice le 11 août 1792, Danton siège au Conseil exécutif provisoire. Elu par les Parisiens à la Convention, qui remplace l'Assemblée législative, Danton préfère démissionner de ses fonctions ministérielles pour siéger avec les députés de la Montagne. Il contribue ensuite à la création du Tribunal révolutionnaire (mars 1793) et à celle du Comité de salut public (avril 1793) qu'il préside jusqu'en juillet.

Un mois plus tard, à la tribune de la Convention, Danton avance l'idée d'une instruction publique, gratuite et obligatoire : « Quand vous semez dans le vaste champ de la République, vous ne devez pas compter le prix de la semence ! Après le pain, l'éducation est le premier besoin du peuple ! » Et d'ajouter : « Mon fils ne m'appartient plus, il est à la République. »

Après nous, le déluge.

Marquise de Pompadour. 5 novembre 1757.

La très influente favorite de Louis XV, Jeanne-Antoinette Poisson (plus connue sous le nom de marquise de Pompadour), pose pour Quentin de La Tour qui, depuis quelque temps, a entrepris de peindre son portrait. L'œil sombre et l'air préoccupé, le roi pénètre dans la pièce. Il vient d'apprendre une triste nouvelle : les Prussiens de Frédéric II ont vaincu son armée de vingt mille hommes (conduite par le prince de Soubise) à Rossbach. Alors, pour consoler son royal amant, Mme de Pompadour lui aurait lancé : « Après nous, le déluge ! »

Cette petite phrase fut souvent attribuée à Louis XV pour discréditer son attitude. Car celui que l'on avait appelé le Bien-Aimé au début de son règne afficha progressivement un désintérêt croissant de la politique et des affaires du royaume. Paresseux et frivole, le souverain perdit progressivement la confiance du peuple. Pourtant, lorsqu'il succède au Régent, le duc d'Orléans (prince libertin et corrompu), Louis XV jouit d'une immense popularité. Mais le roi n'en comprend manifestement pas les raisons puisqu'il s'exclame au temps de sa gloire (vers 1744-1745) : « Qu'ai-je donc fait pour être aimé de la sorte ? »

L'arbre de la liberté ne saurait croître s'il n'était arrosé du sang des rois.

Bertrand Barère de Vieuzac. Paris, 20 janvier 1793.

D'abord avocat à Toulouse, Barère de Vieuzac devient député du tiers état en 1789. Réélu à la Convention en 1792, il adopte alors des positions extrémistes qui contrastent avec les engagements modérés qu'il avait coutume d'afficher à ses débuts en politique. Barère de

Vieuzac rejoint alors les Montagnards, puis occupe la fonction de président de la Convention à partir du 1er décembre 1792. A ce poste, il dirige donc le procès du roi qui débute le 11 décembre.

Le 15 janvier 1793, Louis XVI est reconnu coupable de conspiration contre la sûreté de l'Etat. A partir du 16 janvier au soir commence un interminable défilé (une nuit entière plus la journée du 17) : chaque député monte à la tribune pour justifier son vote sur la peine à appliquer au souverain. Vient ensuite le temps de longs débats sur un éventuel sursis à la peine de mort demandée à une courte majorité.

Ainsi, le 20 janvier, dans l'effervescence générale, Bertrand Barère de Vieuzac s'enflamme à la tribune de la salle du Manège : « L'arbre de la liberté ne saurait croître s'il n'était arrosé du sang des rois. » Evidemment, le président de la Convention avait voté pour la mort du roi, sans appel ni sursis. Louis XVI sera exécuté dès le lendemain.

Quant à Barère de Vieuzac, il devient membre du Comité de salut de public en juillet 1793 et sera l'un des organisateurs de la Terreur. Il lâche son ami Robespierre et contribue à sa chute le 9 thermidor (27 juillet 1794). Mais il ne peut cependant échapper à la réaction thermidorienne.

Arrêté, il est condamné à la déportation en mars 1795. Amnistié après le coup d'Etat du 18 brumaire (9 novembre 1799), puis proscrit en tant que régicide (1816), Barère de Vieuzac rentre en France après les Trois Glorieuses (1830).

L'argent n'a pas d'odeur.

Vespasien. Vers 70.

Petit-fils d'un centurion et fils d'un publicain, Vespasien fait tout d'abord une brillante carrière militaire. En 69, les légions d'Orient le proclament empereur tandis qu'il dirige la guerre de Judée. Pendant ses dix années de pouvoir, Vespasien va restaurer une société déchirée par les guerres civiles. Il entreprend également de grands travaux (Capitole et Colisée) et renfloue les finances publiques.

Mais, pour mener à bien toutes ces réformes, l'empereur use et abuse de l'impôt. Au point de créer une taxe sur l'urine ! Dans la réalité, il s'agit d'une mesure fiscale qui touche le commerce de l'urine destinée aux foulons (fabricants de draps). Ils utilisent ce « produit » naturel comme dégraissant. On a dit que cet impôt concernait également l'utilisation des latrines publiques (les célèbres vespasiennes).

Lorsqu'il est associé à la conduite des affaires, Titus n'apprécie guère certaines décisions de son père. Dans ses fameuses *Vies des douze Césars* (biographies anecdotiques des empereurs romains), Suétone (70-128) raconte que Titus reproche à Vespasien d'avoir eu cette curieuse idée d'établir un impôt sur les urines. Un jour, son père lui met donc sous le nez la première somme collectée, en lui demandant si l'odeur le choque. Titus répond que non... et Vespasien ajoute d'un ton moqueur : « C'est pourtant le produit de l'urine ! » Ce qui deviendra par extrapolation : « L'argent n'a pas d'odeur. »

Aux grands hommes, la patrie reconnaissante.

Avril 1791.

En 1756, Louis XV confie l'édification de l'église Sainte-Geneviève de Paris à l'architecte Germain Soufflot. A sa mort (1780), les travaux se poursuivent sous la direction de Jean-Baptiste Rondelet.

Situé sur la montagne Sainte-Geneviève au cœur du Quartier latin, l'édifice perd sa vocation religieuse sous la Révolution. Le 3 avril 1791, l'Assemblée constituante décide de transformer l'église (tout juste terminée) en un Panthéon des hommes illustres. Et, sur proposition du département de Paris, on grave sur le fronton triangulaire du monument : « Aux grands hommes, la patrie reconnaissante. »

Rendu au culte catholique par Napoléon (1806), cet imposant sanctuaire est achevé en 1812 (suppression des clochers et obturation des fenêtres). Sous la monarchie de Juillet (1830), l'église Sainte-Geneviève devient temple de la Gloire. De nouveau confié à la hiérarchie catholique entre 1851 et 1870, l'édifice redevient « temple laïc voué au souvenir des grands hommes » à partir de 1885, à l'occasion des funérailles nationales de Victor Hugo.

La droite avait porté Mirabeau à la présidence de l'Assemblée constituante en février 1791. Subitement décédé le 2 avril, il est inhumé au Panthéon deux jours plus tard. Mais Mirabeau avait joué un double jeu dès 1790 en se rapprochant de la cour. Conseiller secret de Louis XVI qui règle toutes ses dettes, Mirabeau perçoit aussi une pension mensuelle pour défendre à la tribune les intérêts royaux, sans toutefois cesser de servir les principes révolutionnaires. D'ailleurs, sa popularité reste intacte, malgré les assauts des Jacobins.

Toutefois, en novembre 1793, le « grand homme » Mirabeau sera « dépanthéonisé » par la partie, qui ne se voulait plus du tout... reconnaissante. On avait découvert les preuves de sa liaison avec le roi dans la fameuse « armoire de fer » des Tuileries.

Aux grands maux, les grands remèdes.

Caton d'Utique. 52 av. J.-C.

Tout auréolé par une bonne dizaine d'années de succès guerriers, le général Pompée rentre à Rome après une tournée triomphale en Grèce (61 av. J.-C.). Il pense que ses mérites lui vaudront de devenir le maître de la cité. Mais Pompée surestime son prestige et il doit accepter de former le premier triumvirat avec Crassus et César (60 av. J.-C.).

A la mort de Crassus (53 av. J.-C.), Pompée se retrouve face à César, retenu en Gaule, tandis que Rome sombre dans l'anarchie. Le sénat va donc donner les pleins pouvoirs à Pompée au mois de février 52 av. J.-C. Biographe fécond, mais aussi moraliste et mathématicien, le Grec Plutarque (46-125) rapporte ce mot de Caton d'Utique conseillant au sénat de s'appuyer désormais sur le seul Pompée : « A ceux qui ont fait les grands maux de trouver les grands remèdes. » On connaît la suite : César franchira le fameux Rubicon et triomphera de Pompée à Pharsale (48 av. J.-C.).

Voir : « *Alea jacta est.* »

Ave Imperator, morituri te salutant.

Frère de Tibère (42 av. J.-C.-37), Claude est proclamé empereur romain en 41, à la mort de son neveu Caligula (12-41). Erudit (on le disait expert en civilisation étrusque), Claude souffrait d'épilepsie. Bègue, fragile et effacé, il laisse gouverner son épouse, Messaline.

Exaspéré par les débauches de sa femme, Claude (10 av. J.-C.-54) fait exécuter l'impératrice dans les jardins de Lucullus (48). Il épouse ensuite Agrippine (la Jeune) et adopte son fils d'un premier lit, Néron. Claude en fera le futur héritier de l'empire (54-68), au détriment de son propre fils, Britannicus.

Suétone (70-128), érudit latin, chercheur et secrétaire d'Hadrien vers 120, rédigea une œuvre monumentale intitulée *Vies des douze Césars*. Ces biographies anecdotiques des empereurs romains fourmillent d'informations sur les traditions sociales de l'époque. Ainsi, dans *Le*

Divin Claude, Suétone raconte la représentation d'un combat naval au lac Fucin. Dans cette espèce de spectacle appelé naumachie et proche des jeux du cirque, l'eau remplace les habituelles arènes. L'auteur explique que les « acteurs » qui vont s'affronter saluent Claude en ces termes : « *Ave Imperator, morituri te salutant.* » C'est-à-dire : « Salut Empereur, ceux qui vont mourir te saluent. » Au cours des jeux romains, les gladiateurs s'inclinaient devant la loge impériale en prononçant cette salutation rituelle du courageux combattant.

B

Le bilan des pays socialistes est globalement positif.

Georges Marchais. Mai 1979.

Lors du XXIIIe congrès du Parti communiste français, Georges Marchais déclare : « A la question de savoir quel est aujourd'hui l'apport du socialisme au mouvement historique des pays concernés et à l'humanité dans son ensemble, nous répondons : le bilan des pays socialistes est globalement positif. »

Dix ans plus tard, la chute du mur de Berlin, puis l'éclatement de l'empire soviétique apportent un cinglant démenti à l'optimisme de Georges Marchais. Les populations de l'URSS et des « pays frères » de l'Europe de l'Est ne semblaient pas vraiment partager l'opinion du secrétaire général du Parti communiste français.

Bois ton sang, Beaumanoir ! Et ta soif passera.

Près de Ploërmel, 27 mars 1351.

La guerre de Cent Ans (1338-1453) a démarré depuis une bonne douzaine d'années. A Gand, Edouard III d'Angleterre a pris solennellement le titre de roi de France en janvier 1340. Cinq mois plus tard, il écrase totalement la flotte française près de Bruges (défaite de l'Ecluse, 24 juin 1340).

La même année, le conflit rebondit avec les débuts de la guerre de Succession de Bretagne. Mort sans enfants, Jean III, duc de Bretagne, n'a pas désigné d'héritier. Deux candidats s'opposent : d'un côté, Jean de Montfort, frère cadet de Jean III, soutenu par la petite noblesse bretonne et par Edouard III d'Angleterre ; de l'autre, Charles de Blois, marié à Jeanne de Penthièvre, nièce de Jean III, ayant l'appui des barons, de la hiérarchie ecclésiastique et du roi de France légitime, Philippe VI de Valois.

Cette querelle sur la succession ducale de Bretagne durera plus de quarante ans. Désormais intimement liée à la guerre de Cent Ans, elle donne lieu à moult empoignades héroïques. Comme celle qui se déroule sur la lande de Mi-Voie, dans l'actuel Morbihan.

Le 25 mars 1351, Jean de Beaumanoir, chef breton installé à Josselin, provoque en combat singulier les Anglais du capitaine Bremborough, campés à Ploërmel. Chaque camp désigne alors trente de ses plus valeureux et robustes soldats. Deux jours plus tard, le terrible affrontement commence.

Violente, inhumaine, sanglante et interminable, la bagarre se transforme rapidement en un effroyable carnage. Beaumanoir, blessé, se traîne et réclame à boire. Et comme pour illustrer l'épouvantable sauvagerie de cette bataille rangée, qui restera dans les mémoires sous le nom de combat des Trente, quelqu'un lui répond : « Bois ton sang, Beaumanoir ! Et ta soif passera. »

Au soir du 27 mars 1351, Beaumanoir remporte finalement une bien douloureuse victoire. Dans ce terrifiant affrontement, les Anglais perdent six hommes, dont le capitaine Bremborough. Dans les deux camps, tous les autres soldats souffrent de graves blessures.

Quant à la guerre de Succession de Bretagne, elle se poursuivra par la défaite de Charles de Blois, tué à Auray (1363). Jean IV, fils de Jean de Montfort, coiffera donc la couronne ducale. Il signera tout d'abord un traité avec Edouard III d'Angleterre. Plus tard (1381), Jean IV acceptera de prêter main-forte au souverain français du moment, Charles VI le Fol (1368-1422), pour chasser l'ennemi du royaume.

C

Car tel est notre bon plaisir.

François Ier et autres rois de France.

Pour avoir engagé la construction d'un Etat centralisé en renforçant délibérément l'absolutisme du pouvoir royal, François Ier a endossé la paternité de la formule : « Car tel est notre bon plaisir. » Sans contestation possible, le souverain utilise régulièrement cette expression au bas des édits promulgués.

Bien avant François Ier, d'autres souverains avaient également pris le goût d'apposer des libellés comparables. Par exemple, Charles VI (1368-1422) écrit : « Car ainsi nous plaît-il être fait. » Un peu plus tard, Louis XI (1423-1483) utilise trois formules différentes. D'abord : « Car ainsi le voulons et nous plaist être fait. » Ensuite : « Car tel est notre vouloir et franche volonté. » Enfin : « Car tel est notre plaisir. » Le terme « bon » réapparaît donc avec François Ier (1494-1547).

Au XVIIIe, cette formule n'a guère arrangé les affaires

de Louis XVI. Lors de la montée en puissance de la fièvre révolutionnaire, l'expression symbolisera la notion de despotisme, d'arbitraire et de caprice royal. Voire, plus grave, de « régime du bon plaisir ». Certes maladroite, cette phrase ne visait pourtant qu'à légaliser une volonté politique nécessitant le paraphe royal. Le fait que la décision ainsi entérinée soit discutable ou inique n'a bien sûr rien à voir avec cette formule passe-partout puisée dans la tradition administrative romaine : « *Placet nobis et volumus.* »

D'autres formules non officielles, mais spontanées celles-là, illustrent bien davantage la nécessité d'exprimer l'autorité du pouvoir absolu. Voir par ailleurs : « *L'Etat, c'est moi !* » (Louis XIV). Ou encore : « *C'est légal parce que je le veux* » (Louis XVI).

Ce sont les risques du métier.

Humbert Ier.

Fils et successeur de Victor-Emmanuel II, Humbert Ier, roi d'Italie entre 1878 et 1900, encourage les réformes politiques dans son pays. Son seul objectif : contrecarrer les progrès du socialisme tout en maintenant le cap dans les limites de la monarchie constitutionnelle.

Certes, une telle attitude ne manque pas d'un certain courage. Mais elle attise évidemment les fanatismes de tous bords. Au point qu'Humbert Ier, d'abord enjeu de complots et compromissions, devient la cible idéale d'attentats. Un jour, il échappe de justesse à la mort en déjouant un guet-apens pourtant habilement mené. Serein, Humbert Ier se contente alors de commenter : « Ce sont les risques du métier. »

Le roi d'Italie ne croyait pas si bien dire. Il sera assassiné par l'anarchiste Bresci en 1900.

C'est avec des hochets que l'on mène les hommes.

Napoléon Bonaparte. 8 mai 1802.

L'ordre royal de Saint-Louis ne récompensait que les seuls militaires. En insistant sur le fait qu'il n'existe qu'« une seule nation », Bonaparte veut mettre en place un nouvel ordre qui réunisse à la fois civils et militaires.

Le 8 mai 1802, au Conseil d'Etat, lors de la discussion visant à créer la Légion d'honneur, Bonaparte rétorque à ceux qui l'accusent de vouloir distribuer des hochets : « Je défie qu'on me montre une république dans laquelle il n'y a pas de distinctions. Vous appelez cela des hochets ? Eh bien, messieurs, c'est avec des hochets que l'on mène les hommes. » L'ordre national de la Légion d'honneur sera institué par la loi consulaire du 19 mai 1802.

Oubliant les louables engagements prônés au moment de la création de l'ordre, 95 % des 48 000 légions d'honneur de l'Empire seront décernées... à titre militaire. En ces temps belliqueux, s'illustrer en dehors d'un champ de bataille relevait de l'exploit !

C'est donc vous le nègre ? Eh bien, continuez !

Edme de Mac-Mahon. Saint-Cyr, 1875.

Après la chute d'Adolphe Thiers, le maréchal de Mac-Mahon est porté à la présidence de la République par la coalition monarchiste de l'Assemblée nationale (24 mai 1873). Les royalistes caressent encore le secret espoir que ce « loyal soldat » saura se retirer, le moment venu, pour laisser la place à la restauration de la monarchie. Dans leur esprit, Mac-Mahon accepte d'endosser le costume du régent. Comme le souligne avec malignité le duc de Broglie (désigné président du Conseil dès le 25 mai), tandis que le maréchal assure une transition, « il convient de faire de la France, sous le nom de République, une monarchie moins un roi ».

Héros de la guerre de Crimée (1855), organisateur de la répression contre la Commune de Paris (mars-mai 1871) et fervent défenseur de l'ordre moral, le maréchal de Mac-Mahon ne cultive guère la gaudriole ! Il ne brille d'ailleurs pas davantage pour ses dons de tribun et collectionne volontiers les bourdes oratoires.

On imagine donc facilement le mélange de grandiloquence et d'austérité qui accompagne en 1875 la visite de Mac-Mahon à la prestigieuse école militaire de Saint-Cyr dont il avait été l'élève. Chacun y va de ses courbettes et rodomontades feutrées. Puis vient le moment tant attendu de la traditionnelle présentation du major de la promotion, le « nègre » dans l'argot de l'école.

Fatigué d'avoir dû arpenter de long en large l'établissement (à moins qu'il ne fût tout simplement agacé par l'enchaînement des obséquieuses banalités qui prolifèrent en pareilles circonstances), le maréchal va brutalement se déchaîner. Sans le vouloir !

Tandis qu'on lui présente enfin le fameux major de la promotion, le président de la République laisse tomber : « C'est donc vous le nègre ? Eh bien, continuez ! » Sympathique encouragement pour une carrière qui s'annonce brillante. Sauf que le nègre en question était, cette année-là, un mulâtre !

C'est légal parce que je le veux.

Louis XVI. 19 novembre 1787.

Calonne (1734-1802) devient contrôleur des Finances en 1783, peu après la démission de Necker. Il fait face à une grave crise économique et envisage un programme d'ambitieuses réformes plus radicales que les sempiternels emprunts. Il souhaite unifier l'administration des provinces et, surtout, établir l'égalité fiscale. Il convoque alors l'Assemblée des notables. Forte d'une bonne centaine de membres, elle se compose essentiellement de princes de sang, évêques et conseillers d'Etat qui, en grande majorité, appartiennent à la noblesse.

Bien loin d'entériner les propositions de Calonne, cette assemblée s'insurge contre une telle audace. Car tous ses membres sont plutôt favorables aux abus que Calonne veut combattre ! Ce dernier doit donc démissionner (avril 1787).

Le nouveau contrôleur des Finances, Loménie de Brienne, archevêque de Toulouse, reprend à son compte les projets de Calonne (bien que les ayant auparavant combattus dans sa fonction de président de l'Assemblée des notables). Mais lui aussi renonce devant la fronde de cette petite aristocratie aveuglément agrippée à ses privilèges. Et il met fin à la session de l'Assemblée des notables (mai 1787). Aussi, pour renflouer les caisses de l'Etat, Brienne utilise-t-il la voie des habituels replâtrages en lançant un énorme emprunt.

La déroute financière se conjugue à une grave crise politique. En réalité, une partie de l'aristocratie veut profiter de ce conflit ouvert pour tenter d'imposer la convocation des Etats généraux, cette fameuse assemblée des trois ordres (clergé, noblesse et tiers état) réunie par le roi pour traiter des affaires importantes du royaume. Sa dernière réunion remonte à 1614 !

Louis XVI convoque finalement le Parlement de Paris pour une séance royale. Elle doit notamment enregistrer un édit établissant l'emprunt de 420 millions proposé par Brienne. Mais nombre de magistrats tergiversent. Les débats s'éternisent. Alors, brusquement, le souverain transforme la séance en lit de justice. En utilisant cette procédure (symbole de l'absolutisme) le souverain peut alors imposer l'enregistrement des actes au Parlement.

Ainsi, après avoir entendu les différents avis, Louis XVI déclare : « Je trouve qu'il est nécessaire d'établir les emprunts portés dans mon édit. » Passant outre la tradition et le protocole, le duc d'Orléans (futur Philippe Egalité sous la Révolution) prend alors la parole après le roi : « Sire, je regarde cet enregistrement comme illégal. » Un temps désarçonné, Louis XVI se reprend et réplique : « C'est légal, parce que je le veux. »

Relayée par le Parlement de Paris qui ne rechignait pas à affirmer avec véhémence le bien-fondé de ses compétences lors des périodes de faiblesse monarchique, on sait que cette noblesse rebelle obtiendra finalement gain de cause (les Etats généraux se réuniront en mai 1789). En refusant toute innovation en 1787, l'Assemblée des notables mit le feu aux poudres. Pour protéger les privilèges de sa caste, elle obligeait l'absolutisme royal à fléchir. Mais sans le savoir et surtout sans le vouloir, elle ouvrait le chemin de la Révolution.

En démocratie, il n'y a certes plus de lit de justice. Mais, dans la constitution de la Ve République, il existe cependant le célèbre article 49, alinéa 3. Il permet au gouvernement d'adopter un texte « sans que l'Assemblée ait eu besoin de l'approuver ». Ce qui peut parfois précipiter quelque réforme en contournant le rôle du Parlement et en esquivant habilement débats houleux, voire joutes fratricides. Dans le langage courant, journalistes et hommes politiques parlent alors d'un « passage en force ».

Et puis, il y a aussi les démocrates qui s'emportent et oublient sur le bas-côté leurs convictions. Lors d'une discussion portant sur les futures nationalisations (20 octobre 1981), le député socialiste André Laignel (juriste de formation) lâche en pleine Assemblée nationale : « Vous avez juridiquement tort, parce que vous êtes politiquement minoritaires. » Deux siècles plus tard, l'apostrophe de Louis XVI reprenait des couleurs !

C'est pire qu'un crime, c'est une faute.

Antoine Boulay de la Meurthe. Mars 1804.

Depuis le coup d'Etat du 18 brumaire (9 novembre 1799), rien ne semble en mesure d'entraver l'ascension de Bonaparte. Cependant, les adversaires du Premier consul ne désarment pas. Le 24 décembre 1800, des tonneaux remplis de poudre explosent rue Saint-Nicaise. La « machine infernale » tue et blesse de nombreux passants, mais Bonaparte sort indemne de cette tentative d'assassinat.

Malgré quelques atermoiements, la police finit par découvrir les véritables organisateurs de l'attentat : des royalistes guidés par Georges Cadoudal, l'un des principaux chefs de la chouannerie. Habile, l'homme passe entre les mailles du filet. Mais, quatre ans plus tard (février 1804), on le retrouve impliqué dans un autre complot. Cette fois, les conjurés sont prestement arrêtés et l'un d'eux avoue que la venue d'un prince Bourbon en France aurait dû donner le signal d'un nouvel attentat.

Bonaparte suspecte alors le duc d'Enghien. Fils du prince de Condé (ancienne place forte du Hainaut proche de Valenciennes), Louis Antoine Henri de Condé

(1772-1804) appartient à une prestigieuse dynastie apparentée depuis la fin du XVe siècle à une branche cadette des Bourbons. Dès 1789, il rejoint l'armée des émigrés. Passé en Russie (1797), il revient aux côtés des Autrichiens pour combattre les Français (1799-1801). Mais le traité de Lunéville, qui suit la victoire de Bonaparte à Marengo (14 juin 1800), disperse définitivement son armée.

Le duc d'Enghien s'installe dans le duché de Bade, sur la rive droite du Rhin, à quatre lieues de Strasbourg, dans l'ancienne résidence du cardinal de Rohan. Et Bonaparte voit en lui — probablement à tort — le prince que les conspirateurs attendent impatiemment. Violant sans aucun scrupule toutes les règles du droit international, le consul à vie (plébiscite du 2 août 1802) envoie trois cents dragons au pays de Bade.

Enlevé dans la nuit du 14 au 15 mars 1804, le duc d'Enghien paraît à la hâte devant un tribunal militaire. Un jugement sommaire le condamne sans hésiter à la peine de mort. Et le dernier héritier de la lignée des Condé sera fusillé dans les fossés du donjon de Vincennes, le 21 mars 1804, à trois heures du matin.

Apprenant cette nouvelle qui scandalise l'Europe entière, Antoine Boulay de la Meurthe, un fidèle de Bonaparte, s'exclame : « C'est pire qu'un crime, c'est une faute. » L'exécution du duc d'Enghien marque la rupture définitive du régime avec les royalistes et elle signifie clairement que Bonaparte ne souhaite pas remettre en cause les acquis de la Révolution. Mais elle contribue aussi à conforter l'autorité du « sauveur » Bonaparte qui prépare son sacre impérial (2 décembre 1804).

Une légende tenace attribue la formule à Talleyrand. On ne prête qu'aux riches ! Talleyrand a bel et bien conseillé à Bonaparte l'enlèvement du duc d'Enghien. Implicitement, il avait donc une part de responsabilité dans cette exécution et il ne peut la considérer ni comme un crime ni comme une faute. En revanche, en apprenant la nouvelle, Talleyrand laisse tomber cyniquement : « Bah ! ce sont les affaires. »

C'est un petit pas pour l'homme, mais un grand bond pour l'humanité.

Neil Armstrong. La Lune, 21 juillet 1969.

Chômage pour les poètes ! Source d'imagination galopante depuis des lustres, l'astre lunaire perd ses mystères et toute sa puissance évocatrice en plein milieu de l'été 1969. Partie le 16 juillet de cap Canaveral (base de lancement de la Nasa située sur la côte Est de la Floride, aujourd'hui cap Kennedy), la mission d'Apollo XI ne manque pas de fasciner.

En mai 1961, dans un discours devant le Congrès, John Kennedy avait déclaré : « Je crois que notre nation doit se consacrer à un objectif avant la fin des dix prochaines années : faire atterrir un homme sur la Lune et le faire revenir sain et sauf sur la Terre. » Huit ans plus tard — et 21 milliards de dollars après ! —, la capsule Columbia approche de son but. Le 19 juillet, elle tourne autour de la Lune. Le lendemain soir, le commandant Neil Armstrong et Edwin Aldrin posent le Lunar Exploration Module (Lem) sur la mer de la Tranquillité. Leur collègue, Michael Collins, reste aux commandes du vaisseau, en orbite de la Lune.

Quelques heures plus tard, le 21 juillet 1969 (3 h 56, heure française), des centaines de millions de téléspectateurs du monde entier n'en croient pas leurs yeux : un homme va poser le pied sur la Lune. Neil Armstrong ouvre le sas de sortie. Lentement, il descend du module lunaire et prononce alors cette phrase, très certainement méditée : « C'est un petit pas pour l'homme, mais un grand bond pour l'humanité. »

Armstrong et Aldrin resteront deux heures en dehors du module. Ils installeront des appareils de mesure et feront une bonne « récolte » de cailloux. Puis, vingt-deux heures après cet alunissage, le module lunaire et ses deux explorateurs d'un genre nouveau s'arrimera au vaisseau spatial. Il touchera sans dommages le Pacifique le 24 juillet 1969.

En avril 1961, le Soviétique Youri Gagarine (vingt-sept ans) avait été le premier homme placé en orbite autour de la Terre. Ce vol réussi fut une véritable humiliation pour les Etats-Unis. Jusqu'ici, les Américains n'avaient pas compris l'enjeu stratégique de la conquête spatiale. Cet exploit incita donc John Kennedy à se lancer avec passion (et beaucoup de crédits) dans l'aventure des missions Apollo.

C'est une nouvelle, ce n'est plus un événement.

Talleyrand. Paris, mai 1821.

Ni scrupules ni remords ! Ainsi pourrait-on résumer l'attitude de Charles de Talleyrand. Soucieux de séduire les jolies femmes plutôt que de prêcher les rigueurs du dogme religieux, l'ancien et scandaleux évêque d'Autun embrasse finalement la carrière politique et s'illustre brillamment dans la diplomatie, autant par ses mots d'esprit que par sa roublardise.

Talleyrand sert le Directoire, contribue à l'ascension de Bonaparte puis à l'apogée de Napoléon Ier dont il s'écarte à partir de 1807, allant même jusqu'à comploter contre l'Empereur (1809) qui l'avait pourtant comblé de tous les honneurs. Le faisant notamment grand chambellan (1804), mais surtout prince de Bénévent (juin 1806). Située sur une petite colline, Bénévent est une ville d'Italie (nord de Naples) que Napoléon érige en principauté pour son « ami ». Chargée d'une longue histoire, la cité fut notamment le théâtre de la victoire décisive des Romains sur Pyrrhus (275 av. J.-C.) qui, dès cet instant, abandonna sa campagne d'Italie et rentra en Epire.

Arrivé à Sainte-Hélène le 17 octobre 1815, après la terrible défaite de Waterloo et sa seconde abdication, l'Empereur déchu s'éteint sur son îlot le 5 mai 1821. Lorsqu'on vient lui annoncer la mort de Napoléon, la personne qui se trouve aux côtés de Talleyrand, interloquée, ose ce commentaire : « Ah ! Mon dieu... Quel événement ! » Après un très court silence, le prince de Bénévent aurait répliqué : « C'est une nouvelle, ce n'est plus un événement. »

Le char de l'Etat navigue sur un volcan.

Henri Monnier. 1853.

Conformiste, niais et prétentieux ! Trois qualificatifs qui épousent à merveille la personnalité de Joseph Prudhomme. Créé par Henri Monnier, ce célèbre personnage de théâtre caricature le comportement des bourgeois français du XIXe siècle qui peinent à suivre l'évolution de leur temps. Et pourtant, la suffisance de ce Joseph Prudhomme n'a d'égale que son insuffisance en toutes choses ! Ce qui le conduit souvent à se perdre dans un salmigondis de propos infatués et de frivoles rodomontades.

D'abord fonctionnaire, Henri Monnier croque avec talent cette première expérience professionnelle dans un album de lithographies intitulé *Les Mœurs administratives* (1828). D'incontestables dons pour la caricature le conduisent alors à illustrer les chansons de Béranger, auteur de satires anticléricales et de pamphlets politiques.

Bourgeois solennel et conservateur satisfait, Joseph Prudhomme apparaît tout d'abord dans *Scènes populaires dessinées à la plume* (1830). Puis il devient le personnage clé des pièces de théâtre d'Henri Monnier, comédies qu'il prend un immense plaisir à jouer lui-même. Dans *Grandeur et décadence de M. Joseph Prudhomme* (1853), le héros de Monnier envisage de se présenter à la députation. Il s'engage alors dans une prétentieuse campagne électorale. Un jour qu'il dicte un article de propagande, M. Prudhomme n'hésite pas à avancer avec emphase : « Le char de l'Etat navigue sur un volcan. » Et son partenaire lui répond : « Bravo ! ça n'est pas commun, ça, un char qui navigue ! »

Chef, c'est un qualificatif de cuisinier.

Adolphe Thiers. Bordeaux, 17 février 1871.

La guerre contre la Prusse se termine par le désastre de Sedan (2 septembre 1870). Deux jours plus tard, à la faveur d'un mouvement insurrectionnel conduit par Léon Gambetta, le Corps législatif proclame la déchéance de Napoléon III, la fin du Second Empire et la naissance de la République.

Les événements s'enchaînent : constitution d'un gouvernement provisoire, siège de la capitale (19 septembre), capitulation de Bazaine qui, à Metz, livre son armée à l'ennemi (27 octobre), chute de Paris (28 janvier 1871). S'ensuit un armistice de trois semaines consacré à l'élection d'une Assemblée nationale qui engage aussitôt les préliminaires d'un accord menant à la signature du traité de Francfort (mai 1871).

Jules Grévy (1807-1891), alors président de la nouvelle Assemblée nationale réunie à Bordeaux, propose qu'Adolphe Thiers soit élu « chef du pouvoir exécutif ». Thiers regimbe et opte pour un titre plus explicite à ses yeux : « Chef du pouvoir exécutif de la République française », une dénomination un peu longuette qu'il n'apprécie finalement pas davantage. En effet, Thiers aura ce commentaire ironique : « Chef, c'est un qualificatif de cuisinier. »

Mot plutôt heureux ! On sait que la IIIe République (comme la suivante) va particulièrement briller par des intrigues et jeux de couloir qui abaisseront l'art de gouverner au rang de... cuisine politique. Mais Adolphe Thiers n'aura pas à attendre trop longtemps : il reçoit le titre de président de la République en août 1871.

Un cheval, un cheval ! Mon royaume pour un cheval !

Richard III. Bosworth, 22 août 1485 (sous la plume de William Shakespeare, 1592).

La guerre des Deux-Roses touche à sa fin. Depuis bientôt trente ans, elle oppose la famille des Lancastre à celle des York. Tous les coups sont permis. Le chef de la maison d'York, le roi Edouard IV (1442-1483), n'hésite pas à faire assassiner son rival, Henri VI (1471). Rien de plus banal, pourrait-on dire. Jusqu'au jour où

Richard, duc de Gloucester, va pousser l'horreur au-delà de l'acceptable. De surcroît, au sein même de son propre camp.

En 1483, à la mort d'Edouard IV, son fils de douze ans lui succède sous le nom d'Edouard V. Richard, frère d'Edouard IV, se proclamant régent, prend sous sa tutelle les deux fils du défunt (Edouard V et son frère cadet). Mais Richard n'a rien d'un « tonton gâteau » ! Sans raison, il déclare très vite ses neveux illégitimes. Et il les enferme à la Tour de Londres avant de les faire étouffer sous des couvertures pendant leur sommeil. La voie désormais libre, le duc de Gloucester peut devenir roi d'Angleterre, sous le nom de Richard III.

Cependant, la mort tragique des enfants d'Edouard trouble l'opinion. Ce crime odieux va d'ailleurs très largement contribuer à isoler Richard III. Aussi Henri Tudor, héritier des Lancastre contraint à l'exil, va-t-il en profiter pour débarquer en Angleterre (août 1485). Il mène une rapide offensive contre l'armée royale et remporte la bataille de Bosworth dès le 22 août.

Au cours de cette bataille, Richard III se défend avec bravoure. Mais, désarçonné, le dernier souverain de la maison d'York s'exclame : « Un cheval, un cheval ! Mon royaume pour un cheval ! » Le cruel Richard n'a probablement jamais prononcé cette phrase. William Shakespeare (1564-1616) la lui fait cependant déclamer dans sa tragédie intitulée *Richard III* (1592) : « *A horse, a horse ! My kingdom for a horse !* »

Personne n'entendra la supplique de Richard III, prêt à échanger son royaume contre un cheval afin de fuir son adversaire. Richard sera tué au cours de la bataille de Bosworth, tandis que Henri Tudor (1457-1509) accédera au trône d'Angleterre, sous le nom d'Henri VII.

Il mettra fin à la guerre des Deux-Roses. Et, comme dans les feuilletons télévisés à l'eau de rose, Henri VII va réconcilier les deux familles en épousant Elisabeth... fille d'Edouard IV et héritière de la maison d'York ! Ce que l'on appelle aujourd'hui une « happy end ».

Ci-gît Marcellin Berthelot. C'est la seule place qu'il n'ait jamais sollicitée.

Georges Clemenceau. 1907.

Les travaux de Marcellin Berthelot (1827-1907) portèrent notamment sur la chimie organique et sur la thermochimie. Parallèlement à ses recherches, ce scientifique de renom mènera également une carrière politique nationale.

L'homme déborde d'activité. Jugeons plutôt : professeur de chimie à l'école de pharmacie, titulaire d'une chaire au Collège de France (poste spécialement créé pour lui), directeur du Comité scientifique de défense (1870), membre de l'Académie de médecine, de l'Académie des sciences (1873) et de l'Académie française (1901), sénateur de Paris (1871) puis sénateur inamovible (1881), ministre de l'Instruction publique (1886-1887), ministre des Affaires étrangères (1895-1896)...

Naturellement, une telle débauche d'occupations ne peut que pousser Berthelot à occuper le devant de la scène. Cette présence tous azimuts en agace d'ailleurs plus d'un. D'autant que le célèbre chimiste ne rechigne jamais à proposer ses services dès qu'une occasion se présente. Peu de temps après la mort du scientifique, Georges Clemenceau, toujours prompt à fabriquer de bons mots, donnera dans la boutade acide (logique à propos d'un chimiste !). Il imagine devant des amis cette épitaphe : « Ci-gît Marcellin Berthelot. C'est la seule place qu'il n'ait jamais sollicitée. »

Le chimiste n'avait pu survivre qu'une petite heure au décès de son épouse. Et, pour ne point les séparer dans la mort, ils furent tous les deux inhumés au Panthéon.

Courage, on les aura !

Philippe Pétain. 9 avril 1916.

L'indépendance d'esprit du futur maréchal Pétain ne contribue évidemment pas à faciliter son avancement dans les premières années de sa carrière. De surcroît, il s'évertue à prôner la doctrine de la « puissance du feu » qui s'oppose aux thèses officielles de l'état-major. Et, malgré ses qualités — qui ne passent d'ailleurs pas inaperçues aux yeux de ses supérieurs (notamment lorsqu'il enseigne à l'Ecole de guerre) —, Philippe Pétain doit se contenter du grade de colonel jusqu'en 1911.

La Première Guerre mondiale va lui valoir une ascension fulgurante. Promu général de brigade le 31 août 1914, sa conduite exemplaire dans la bataille de la

Marne lui vaut le commandement d'une division dès le 14 septembre suivant. Puis il se couvre de gloire dans les offensives d'Artois et de Champagne (mai-juin 1915).

Mais, en 1916, il va encore accroître sa popularité lors de la terrible bataille de Verdun. Le 21 février, les Allemands lancent une offensive destinée à user l'armée française sur place. Avant d'engager, pensent-ils, une percée victorieuse. L'horreur est au rendez-vous de l'histoire.

Proche de ses hommes, Pétain restaure le moral des troupes et préserve communications et ravitaillements alors gravement menacés. Pendant trois mois, les Français résistent héroïquement aux assauts de l'ennemi qui échoue finalement les 9 et 10 avril dans une attaque d'ensemble. Pendant cette période où la confiance revient peu à peu sur le front, le général Pétain donne ses instructions sous la forme d'ordres du jour rédigés en langage simple et direct. Comme celui-ci, resté célèbre : « Ce 9 avril est une journée glorieuse pour nos armes. Les assauts furieux des soldats du Kronprinz ont été partout brisés. Fantassins, artilleurs, sapeurs, aviateurs de la IIe armée ont rivalisé d'héroïsme. Honneur à tous ! Les Allemands attaqueront sans doute encore. Que chacun travaille et veille pour obtenir le même succès qu'hier. Courage, on les aura ! »

La défense de Verdun (qui a joué un rôle stratégique dans la bataille de la Marne en 1914) est définitivement acquise le 24 juin, puis confortée, à l'automne, par le général Mangin qui reprendra les forts de Douaumont et de Vaux. Rappelé au commandement des armées du centre le 1er mai 1916, Pétain reste, dans l'esprit de tous (troupes et population), le vainqueur de Verdun. Ce qui lui vaudra son bâton de maréchal en novembre 1918.

Dès cette époque, Pétain va se forger une image de sauveur et une immense popularité qu'il utilisera en juin 1940, en des temps beaucoup moins glorieux. Pour lui, comme pour la France.

Courbe doucement la tête, fier Sicambre ; adore ce que tu as brûlé, brûle ce que tu as adoré.

Saint Remi. Reims, probablement le 25 décembre 498.

A la fin du Ve siècle, de tous les peuples barbares qui occupent la Gaule, les Alamans restent les plus dangereux adversaires de Clovis. D'ailleurs, au cours de la bataille dite de Tolbiac (496), le puissant roi des Francs sent le vent tourner. Craignant un désastre, il s'en remet alors au Dieu de son épouse catholique, en disant : « Dieu de Clotilde, si tu m'accordes la victoire, je croirai en toi et me ferai baptiser en ton nom. » Clovis l'emporte et acceptera donc le baptême.

La cérémonie se déroule à Reims, probablement le 25 décembre 498. Entouré de trois mille guerriers, Clovis reçoit le sacrement des mains de l'évêque Remi qui aurait alors prononcé ces paroles : « Courbe doucement la tête, fier Sicambre ; adore ce que tu as brûlé, brûle ce que tu as adoré. »

Personne ne peut authentifier ce propos rapporté un

siècle plus tard par Grégoire de Tours dans sa célèbre *Histoire des Francs*. Certains historiens contestent même la date de cet événement. Ils situent plus vraisemblablement la bataille de Tolbiac (et le baptême de Clovis) en 506.

Quoi qu'il en soit, chacun s'accorde sur le fait que Clovis devient dès lors « le fils aîné de l'Eglise », seul prince barbare d'importance rallié au catholicisme. Cette conversion lui donnera une place de premier plan en Europe. Les autres chefs barbares continuent, pour la plupart, à soutenir l'arianisme (doctrine hérétique niant la divinité du Christ et condamnée dès le concile de Nicée, en 325).

D

Debout les morts !

Adjudant Péricard. 8 avril 1915.

Pendant toute la durée de la Première Guerre mondiale, la devise « Debout les morts ! » sert à galvaniser civils et militaires. Mais cette petite phrase mobilisatrice, altière et revigorante n'a pas vraiment été prononcée en l'état.

La scène se déroule le 8 avril 1915, au bois Brûlé. La sale guerre fait rage. Dans une tranchée conquise par les Allemands, au milieu de soldats français gisant à terre, morts ou blessés, l'adjudant Péricard se saisit d'un sac de grenades et, n'écoutant que son courage, il harangue les hommes du 95ᵉ régiment d'infanterie en prononçant ces mots : « Ohé, là, debout ! Qu'est-ce que vous foutez par terre ? Levez-vous ! Et allons foutre ces cochons-là dehors ! »

Plus tard, Péricard racontera lui-même l'épisode, en se souvenant très précisément de cette formulation. Mais

Maurice Barrès avait déjà immortalisé le geste héroïque de l'adjudant dans *L'Echo de Paris* du 18 novembre 1915 en le faisant s'écrier, de façon beaucoup plus percutante et concise : « Debout les morts ! »

Quelques mois plus tard, le général Gallieni (1849-1916), ministre de la Guerre, avait même officialisé la formule dans une lettre au Sénat (16 février 1916) qui racontait l'histoire par le menu détail. Et Péricard s'exclamait toujours : « Debout les morts ! »

Diviser pour régner.

Sorte d'aphorisme aujourd'hui très populaire, cet adage d'essence politique prend racine en moult origines latines. On trouve effectivement nombre de maximes formulées autour de cette idée : *Divides ut regnes, Divide ut imperes, Divide et impera.* Mais ces différents préceptes n'ont pas d'auteur explicitement désigné.

Il convient cependant de noter que l'historien romain Tite-Live (64 av. J.-C.-10) aborde cette notion : « De féroces qu'ils étaient, réunis ; ils se firent dociles une fois isolés. » Par ailleurs, dans ses *Discours sur la première décade de Tite-Live* (1513-1520), le philosophe italien Nicolas Machiavel (1469-1527) semble paraphraser son illustre confrère : « Que le peuple en masse est puissant ; qu'il est faible une fois divisé. »

Docteur Livingstone, je suppose ?

Henry Stanley. Oujiji, 10 novembre 1871.

Médecin, missionnaire et explorateur, le Britannique David Livingstone (1813-1873) entreprend de remarquables expéditions à partir de 1840, tout d'abord en Afrique du Sud, puis en Afrique centrale et australe. Il explore ainsi le cours du Zambèze (et notamment les chutes Victoria en 1856). Livingstone découvre également de nombreux lacs (Ngami, Chiroua, etc.). Il reconnaît aussi la source du fleuve Zaïre (1865) et contribue en particulier à élucider l'énigme de la source du Congo.

A travers ses multiples expéditions, outre le souci de défricher un continent inconnu, David Livingstone s'emploie à lutter contre l'esclavage. Il tente aussi de créer des missions chrétiennes. En 1866, chacun sait qu'il a décidé de s'aventurer vers l'Afrique orientale. S'écoulent alors trois longues années d'un inquiétant silence.

En 1869, le journaliste anglais Henry Stanley décide donc de partir à la recherche du médecin, pour le compte du *New York Herald*. Né au pays de Galles, orphelin, embarqué comme mousse pour l'Amérique, adopté par un négociant de La Nouvelle-Orléans, combattant pendant la guerre de Sécession dans les rangs des sudistes (puis aux côtés des nordistes) et, enfin, journaliste, Henry Stanley dispose à l'évidence d'un profil de parfait baroudeur.

L'improbable se produit à Oujiji, sur la rive nord-est du lac Tanganyika. Henry Stanley retrouve David Livingstone le 10 novembre 1871. Dans son livre *How I found Livingstone* (*Comment j'ai retrouvé Livingstone*), le journaliste raconte cet instant crucial : « Mon cœur battait à se rompre (...). Tandis que j'avançais lentement, je remarquai sa pâleur et son air fatigué. Il portait un pantalon gris, une veste rouge et une casquette bleue à galon d'or fané. (...) J'aurais voulu l'embrasser, mais il était anglais, et je ne savais pas comment je serais accueilli. Je fis donc ce que m'inspiraient la couardise et le faux orgueil : j'approchai d'un pas délibéré, et dis en ôtant mon chapeau : *Docteur Livingstone, je suppose ?* »

Ce célèbre *« Doctor Livingstone, I presume ? »* fera le tour du monde, cependant que l'infatigable médecin, lui, poursuivra ses explorations africaines. Pas pour très longtemps : David Livingstone meurt de la dysenterie en 1873.

E

Ecrasez l'infâme.

Voltaire.

Curieux de toutes les formes de la connaissance, Denis Diderot (1713-1784) s'attaque à une tâche monumentale qui va absorber l'essentiel de son temps et de son énergie entre 1747 et 1766 : la conception et la direction éditoriale de l'*Encyclopédie.* Il en sera l'un des plus illustres animateurs et rédacteurs aux côtés du mathématicien et physicien français, Jean Le Rond d'Alembert (1717-1783). Montesquieu, Rousseau et Voltaire collaboreront à cet ouvrage en onze tomes également intitulé *Dictionnaire raisonné des sciences, des arts et des métiers.*

Vaniteux, avide, envieux, vif, endiablé et primesautier, Voltaire mènera une curieuse existence de châtelain bohème. Avec Louis XV, il se fâche, se réconcilie puis tombe en disgrâce. Appelé par Frédéric II de Prusse en 1750, le philosophe ne s'attire que de haineuses jalousies. Il déchaîne même la fureur du souverain qui le chasse en mars 1753. A moins que ce ne soit Voltaire qui ait décidé de s'enfuir !

Dans sa retraite dorée de Ferney, Voltaire ne cesse d'écrire. Il se déchaîne contre le despotisme, le fanatisme et la religion catholique. Mais le philosophe fait tout aussi bien campagne contre les erreurs judiciaires de son temps et il s'engage dans la défense des protestants. Il produit contes, romans, pièces de théâtre, poèmes et brochures satiriques. En outre, il entretient une colossale correspondance avec souverains européens, hommes politiques, écrivains et philosophes, et, tout particulièrement, avec d'Alembert.

Dans nombre de ces lettres, Voltaire utilise une formule qui ne manque pas d'intriguer : « Ecrasez l'infâme. » Par exemple, dans cette missive adressée à d'Alembert le 28 novembre 1762, le philosophe écrit : « Que faites-vous à présent ? Travaillez-vous en géométrie, en histoire, en littérature ? Quoi que vous fassiez, écrasez l'infâme et aimez qui vous aime. » Dans d'autres courriers, Voltaire se contente même de formuler : « Ecr. l'inf. » Comme s'il s'agissait d'un code réservé à quelques initiés, pratique qui va encore contribuer à amplifier le mystère.

Certains ont vu dans cette formule une charge violente contre l'Eglise, contre le dogme et la puissance dominante de la religion catholique. Pour sa part, le dominicain Henri Lacordaire (1802-1861) affirme même que cette devise voltairienne vise Jésus-Christ. Pourtant Voltaire s'explique dans une autre lettre à d'Alembert : « Il faudrait que vous écrasassiez l'infâme... C'est le grand point. Vous pensez bien que je ne parle que de la superstition, car pour la religion, je l'aime et la respecte comme vous. »

Voltaire restera l'idole de la bourgeoisie libérale et anticléricale jusqu'au milieu du XIXe siècle.

Un empereur doit mourir debout.

Vespasien. Juillet 79.

Biographe latin fort prolixe et non moins érudit, Suétone (70-128) rédigea notamment les célèbres *Vies des douze Césars*. Une somme où les plaisants détails anecdotiques l'emportent toujours sur l'analyse historique.

Ainsi, dans *Le Divin Vespasien*, Suétone s'en donne à cœur joie tant la personnalité de cet empereur est manifestement propice à l'élaboration d'une fresque colorée. De surcroît, Vespasien ne semble pas avare de bons mots, même dans les situations les plus dramatiques. Suétone rapporte ainsi que l'empereur se serait relevé, dans un dernier sursaut, juste avant de s'éteindre. Soutenu par ses proches, il aurait alors susurré : « Un empereur doit mourir debout » (*Decet imperatorem stantem mori*).

Quelques mois auparavant, déjà fort affaibli par la maladie, Vespasien aurait annoncé à ses amis : « Je m'aperçois que je commence à devenir dieu. » Cette remarque curieuse possédait un sens bien précis : Vespasien signifiait ici à son entourage qu'il sentait sa fin approcher. En effet, à la mort du premier empereur romain, Auguste (en l'an 14), le sénat l'éleva aussitôt au rang d'un dieu. Dès lors, le peuple voua un culte particulier aux empereurs défunts. Et des temples souvent impressionnants leur furent consacrés à travers l'empire.

Encore un instant, monsieur le bourreau.

Mme du Barry. Paris, 8 décembre 1793.

Fille naturelle d'un commis aux barrières de Vaucouleurs (Meuse), modiste à Paris, puis pensionnaire d'une maison de prostitution, Jeanne Bécu ne peut pas imaginer qu'elle va mener une vie de favorite à la cour du roi de France. Même si son rayonnement enjoué lui a permis de conquérir les faveurs de quelques nobles émoustillés par son naturel avenant.

En 1768, le comte Jean du Barry, alors amant de Jeanne, présente l'accorte jeune fille à Louis XV. Aussitôt, le souverain sexagénaire en tombe éperdument amoureux. Il s'empresse même de la marier à Guillaume du Barry (frère de Jean) afin de lui octroyer un rang à la cour. Dès lors, Mme du Barry devient l'instrument souvent inconscient de nombreux intrigants. Mais elle aura également une incontestable influence politique sur le souverain vieillissant.

Malgré les railleries du peuple et le mépris de la noblesse européenne, la comtesse du Barry redonne vie aux fêtes royales. Passionnément amoureux, Louis XV couvre sa maîtresse de somptueux cadeaux. Ainsi lui fait-il construire le pavillon de Louveciennes, près de Marly.

A la mort de Louis XV, une lettre de cachet oblige la comtesse du Barry à se retirer en l'abbaye de Pont-aux-Dames (Seine-et-Marne). Puis on l'autorise très vite à s'installer à Louveciennes. Et chacun l'ignore jusqu'à la Révolution.

Tous ne l'ont cependant pas oubliée. Arrêtée en 1792 au retour d'un voyage en Angleterre (pays qu'elle visite régulièrement et où elle a mis en sûreté ses bijoux), la comtesse ne peut échapper au Tribunal révolutionnaire. Placée sur la liste des émigrés, accusée d'avoir dilapidé la fortune de l'Etat et soupçonnée d'intrigues royalistes, Mme du Barry tente de sauver sa tête en s'adonnant à une pratique très en vogue à l'époque : la délation. Attitude indigne qui ne lui permet cependant pas d'éviter l'échafaud. Et lorsque la favorite de Louis XV arrive devant la guillotine, on l'entend alterner cris et larmes en suppliant : « Encore un instant, monsieur le bourreau ! »

Encore une victoire semblable et nous sommes perdus.

Pyrrhus. 279 av. J.-C.

Parent éloigné d'Alexandre le Grand (356-323 av. J.-C.), Pyrrhus est considéré comme le meilleur général grec de son temps. Roi d'Epire, région du nord de la Grèce, il hésite entre deux stratégies : soit étendre son empire vers l'Orient, soit engager la conquête de l'Italie.

Chassé de Macédoine (285 av. J.-C.), Pyrrhus se tourne finalement vers l'Occident. Et il saisit l'occasion de venir au secours de Tarente, une importante cité commerciale de la mer Ionienne en guerre contre Rome. Pyrrhus remporte une première victoire à Héraclée en alignant vingt-cinq mille hommes et... une vingtaine d'éléphants de combat qui effraient l'ennemi (280 av. J.-C.). Mais il perd dans la bataille une dizaine de milliers de ses valeureux soldats.

L'année suivante, Pyrrhus confirme sa supériorité sur les Romains à Ausculum. Là aussi, il paie un lourd tribut en vies humaines. Le royal général aurait alors déclaré : « Encore une victoire semblable et nous sommes perdus. » Lucidité ou don de voyance ? Toujours est-il que la campagne d'Italie se terminera par la défaite de Bénévent (275 av. J.-C.). Pyrrhus rentrera définitivement en Epire pour se tourner de nouveau vers ses rêves d'Orient (Macédoine et Péloponnèse).

Formule courante dans la conversation, « une victoire à la Pyrrhus » signifie qu'un succès obtenu avec difficulté (en déployant trop d'énergie) peut finalement déboucher sur des conséquences négatives. Autrement dit, une victoire à la Pyrrhus coûte plus qu'elle ne rapporte.

Enrichissez-vous !

François Guizot. Saint-Pierre-sur-Dives, août 1841 ; Paris, 1er mars 1843.

Impatient de monter sur le trône de France, Charles X parvient à ses fins en 1824, à la mort de son frère Louis XVIII. Défenseur borné des privilèges de l'Ancien Régime, Charles X abdique le 2 août 1830. Profondément attaché aux principes de l'absolutisme royal, il ne supporte pas la monarchie constitutionnelle mise en place par son prédécesseur. Ses ordonnances de juillet 1830 (dissolution de la Chambre, modification de la Charte, suppression de la liberté de la presse) déclenchent les Trois Glorieuses. Ainsi, au terme des 27, 28 et 29 juillet, les insurgés se rendent maîtres de la capitale. Mais, finalement, Louis-Philippe ramasse sa couronne sur les barricades.

Fils de Philippe Egalité (qui avait opté pour la Révolution et voté la mort de son cousin Louis XVI), Louis-Philippe Ier devient roi des Français (et non plus roi de France). Ancien membre du club des Jacobins et ayant combattu aux côtés du peuple aux batailles de Valmy et de Jemmapes, le duc d'Orléans possédait le profil idéal. Et la Chambre des députés lui accorde donc sa confiance par 219 voix sur 252 (7 août 1830). C'est le début de la monarchie de Juillet qui s'éteindra en 1848.

Roi « bourgeois » par excellence, porté au pouvoir sous l'impulsion de La Fayette, Thiers et le banquier

Laffitte, Louis-Philippe reste un souverain sous condition. Il tient sa légitimité du « pays légal », à savoir de députés élus par le suffrage censitaire confisqué par l'élitisme de l'argent (seuls les citoyens payant un certain niveau d'impôt, le cens électoral, disposent du droit de vote). Aussi le souverain s'évertue-t-il à chercher une politique du juste milieu, entre nobles idées de la Révolution et tentations de l'absolutisme monarchique, entre légitimistes et républicains, entre rue et Parlement.

Ministre de l'Intérieur (1830), de l'Instruction publique (1832-1837), des Affaires étrangères (1840-1847) et, enfin, président du Conseil (1847-1848), François Guizot va marquer de son empreinte la monarchie de Juillet. Protestant d'origine nîmoise et opposant résolu à Napoléon, Guizot se rallie tout d'abord à Louis XVIII dès 1814. Secrétaire général du ministère de l'Intérieur (1814-1815), puis du ministère de la Justice (1816-1820), il retourne à ses chères études de professeur d'histoire à la Sorbonne sous le règne de Charles X dont il combat avec véhémence les ordonnances de juillet 1830. Ce qui lui vaut donc la reconnaissance de Louis-Philippe !

Dans les faits, François Guizot incarne la domination montante de la classe bourgeoise sur la politique. Sans en avoir le titre, Guizot joue en réalité le rôle d'un véritable chef de gouvernement entre 1840 et 1848. Il guide les affaires intérieures et extérieures du pays.

Mais Guizot ne sentira pas venir le vent de la fronde populaire. Débuts de la révolution industrielle, balbutiements du chemin de fer, développement du commerce et de la finance aggravent pourtant chaque jour davantage le fossé entre richesse et pauvreté. Caricature et roman social naissants vont d'ailleurs parfois en accentuer le trait. Néanmoins, le malaise ne cesse de s'amplifier. D'un côté, l'opulent notable bourgeois accumule les profits ; de l'autre, miséreux ouvriers, artisans et peuple des bas-fonds tentent de subsister. Ainsi, l'inévitable insurrection de février 1848 pousse Guizot à démissionner (le 23) et Louis-Philippe à abdiquer (le 24).

Sous la monarchie de Juillet, le poids de l'argent à remplacé l'honorable distinction de la particule. Environ deux cent mille privilégiés peuvent voter (sur une trentaine de millions de Français). Par ailleurs, dans la population adulte des grandes villes, 70 % des individus ne peuvent même pas léguer à leurs proches la somme nécessaire pour se faire enterrer !

Dans ce contexte, en août 1841, François Guizot lance à ses électeurs du Calvados (Saint-Pierre-sur-Dives), ceux qui disposent précisément des revenus leur donnant le droit de vote : « Enrichissez-vous par le travail, par l'épargne et par la probité. »

L'austère huguenot, chantre de l'ultralibéralisme, récidive deux ans plus tard devant les députés. Cette fois, pour mieux appuyer son message — et pour amadouer ceux qui appellent de leurs vœux des mesures novatrices —, il met astucieusement en avant les acquis de la Révolution : « A présent, usez de ces droits. Fondez votre gouvernement, affermissez vos institutions, éclairez-vous, enrichissez-vous, améliorez la condition morale et matérielle de notre France : voilà les vraies innovations. Voilà qui donnera satisfaction à cette ardeur de mouvement, à ce besoin de progrès qui caractérise cette nation. »

Et pourtant, elle tourne !

Galilée. 22 juin 1633.

Convaincu de l'exactitude des idées de l'astronome polonais Copernic (1473-1543), Galilée publie en 1616 *Le Messager céleste*. Dans cet ouvrage, en s'appuyant sur des observations à la lunette, le physicien italien confirme et complète la théorie copernicienne des mouvements planétaires : double rotation des planètes, sur elles-mêmes et autour du Soleil. Une affirmation considérée à l'époque comme absurde, hérétique et contraire aux Saintes Ecritures, puisqu'elle fait de la Terre une planète comme une autre.

En ces temps-là, l'Inquisition veille. La juridiction ecclésiastique, créée pour lutter contre toutes les formes d'hérésie, est encore active (elle a connu son paroxysme du XIIe au XVIe siècle, sur l'ensemble de l'Europe, sauf en Angleterre). Les autorités mettent donc l'œuvre de Copernic à l'Index (catalogue des livres prohibés par l'Eglise). En outre, le tribunal demande à Galilée de renoncer à toute action publique en faveur des mêmes idées. Autrement dit, l'Inquisition se contente d'une « amicale » mise en garde à l'encontre du physicien italien.

Galilée s'installe à Florence où il ne manque ni d'amis ni de soutiens. Il peut notamment compter sur la bienveillance du cardinal Barberini, le futur pape Urbain VIII. Le physicien continue évidemment ses recherches et publie en 1623 *L'Essayeur*. Une œuvre polémique destinée à réhabiliter les travaux de Copernic et à les sortir de l'Index. Sans succès.

Galilée décide alors de faire éditer son fameux *Dialogue sur les deux principaux systèmes du monde* (1632). Dans ce livre, il oppose radicalement la thèse traditionnelle de Ptolémée (90-168) et les principes coperniciens. Sans cacher ses faveurs ! Galilée s'engage, développe et défend fermement Copernic. Le livre réfute le principe géocentrique de Ptolémée. La Terre n'est donc plus immobile au centre de l'Univers !

Scandale ! Trop, c'est trop ! Pape depuis 1623, Urbain VIII ne peut plus s'opposer au procès de son ami qui dit pourtant si joliment : « Le livre de la nature est écrit dans le langage mathématique. » Le 22 juin 1633, le tribunal ecclésiastique entend donc l'« hérétique ». Les inquisiteurs romains reprochent surtout au savant de ne pas avoir scrupuleusement observé l'injonction de 1616. Mais ils lui demandent aussi d'abjurer ses « erreurs », agenouillé et revêtu de la chemise blanche du pénitent.

Galilée accepte et prononce devant ses juges un texte où, notamment, il abjure et maudit « d'un cœur sincère et avec une foi non simulée les erreurs et les hérésies susdites ». Humilié, le génial physicien aurait alors murmuré, en se relevant : « *Eppur si muove !* » (Et pourtant, elle se meut ! Et pourtant, elle tourne !)

Condamné à la résidence surveillée, Galilée va s'atteler à la synthèse de ses travaux qu'il publiera en 1638 sous le titre *Discours et démonstration sur deux nouvelles sciences*. Il y expose les fondements de la dynamique moderne.

Et s'il n'en reste qu'un, je serai celui-là.

Victor Hugo. 1853.

Républicain convaincu et farouche opposant du Second Empire, Victor Hugo avait exprimé très tôt son ambition : « Je veux être Chateaubriand ou rien. » La suite a prouvé qu'il avait largement rempli son contrat.

La censure du régime de Charles X interdit en 1829 la représentation de sa pièce, *Marion Delorme*. Profondément meurtri, Victor Hugo se tourne vers les libéraux qui arrivent au pouvoir l'année suivante, dans le sillage de Louis-Philippe, ce roi « bourgeois » intronisé par un vote de la Chambre des députés. Dans la décennie qui suit, Victor Hugo écrit l'essentiel des œuvres qui feront son renom.

Mais en portant au pouvoir Louis-Napoléon Bonaparte, l'insurrection de février 1848 va marquer un tournant décisif dans son existence. Le coup d'Etat du 2 décembre 1851, suivi d'un plébiscite (21-22 décembre), débouche sur la proclamation de l'Empire (2 décembre 1852). Hugo prend alors le chemin d'un exil « militant » qui va durer dix-huit ans (Bruxelles, Jersey, Guernesey). Renonçant désormais à toute ambition politique, Hugo se range délibérément aux côtés des victimes de l'injustice et de la misère. Et il écrit les œuvres qui le feront passer à la postérité, notamment *La Légende des siècles* et *Les Misérables*. Hugo revient en France en 1870, au lendemain du désastre de la bataille de Sedan qui met fin au Second Empire.

Dans un recueil satirique intitulé *Les Châtiments* (1853), Victor Hugo développe son opposition acharnée à Napoléon III. Le poète y expose sa tenace volonté de ne jamais céder face à celui qu'il surnomme « Napoléon le petit ». Par exemple, dans le dernier vers du poème « Ultima verba », Hugo écrit : « Et s'il n'en reste qu'un, je serai celui-là. »

L'Etat, c'est moi !

Attribué à Louis XIV. Paris, avril 1655.

Parlement de Paris et nobles conjuguent leurs efforts pendant la période troublée de la Fronde (1648-1653). Le premier s'oppose aux mesures financières de Mazarin qui gouverne le royaume ; les seconds s'élèvent contre l'absolutisme de la monarchie. Un temps, la cour doit même se réfugier à Saint-Germain. Mais des rivalités ne tardent pas à naître dans cette « Fronde des princes » dont Condé prend provisoirement la tête. En réalité, les uns et les autres ont tenté de profiter de la vacance d'un véritable pouvoir royal qui, finalement, sort renforcé par l'épreuve.

Deux ans après la fin de ces événements qui ont profondément marqué le jeune Louis XIV (il a dix ans quand la Fronde éclate), le souverain se méfie toujours des décisions et débats du Parlement de Paris. Il craint à chaque instant une nouvelle incartade des magistrats.

Un jour d'avril 1655, Louis XIV quitte une chasse dans les bois de Vincennes pour se rendre au Parlement de Paris. Cravache sous le bras et en bottes de cavalier, le roi — il n'a que dix-sept ans — fait irruption dans une salle agitée. La séance délibère du bien-fondé de certains édits royaux face aux intérêts supérieurs de l'Etat. Agacé, le souverain aurait alors répliqué au président de l'assemblée : « L'Etat, c'est moi ! », avant de tourner les talons et de sortir fièrement.

Bien que ne figurant dans aucun procès-verbal, l'image de ce jeune monarque en père Fouettard ne manque pas de séduire. En somme, elle symbolise les aspects caricaturaux d'un pouvoir absolu qui marquera le règne du Roi-Soleil. D'autant que Louis XIV réduira effectivement le Parlement à un quasi-silence. En outre, personne n'ignore le soin particulier qu'il mettait à cultiver son « moi » dans ses multiples démonstrations d'absolutisme.

En réalité, aucun témoin contemporain ne confirme la formule. Dans son ouvrage intitulé *Le Siècle de Louis XIV* (1756), Voltaire contribue largement à vivifier la légende de son irruption... cavalière : « Le roi entra au Parlement en grosses bottes, le fouet à la main. » Cependant, jamais il ne cite la phrase incriminée.

En fait, on trouve trace d'un lit de justice (séance solennelle du Parlement en présence du roi) daté du 13 avril 1655. Comme il se doit en pareille circonstance, le souverain s'y rend accompagné de son chancelier (le premier officier de la Couronne), des pairs, des ducs, de son Conseil et du grand maître des cérémonies. Nous sommes loin de la tenue de chasse !

Dans le procès-verbal de la séance, le jeune Louis XIV vise clairement les assemblées du Parlement où les magistrats avaient pris l'habitude de débattre : « Je veux que l'on cesse celles qui sont commencées sur les édits que j'ai apportés, lesquels je veux être exécutés. Monsieur le premier président, je vous défends de souffrir aucune assemblée, et à pas un de vous de les demander. » Certes « L'Etat, c'est moi ! » ne figure pas ici. Toutefois, le fond du propos n'en semble pas très éloigné ! Aussi a-t-il probablement suffi d'un bel esprit de synthèse — de surcroît rompu au jeu de l'ironie cinglante comme l'époque en produisait tant — pour que s'incruste l'audacieuse expression.

Il convient également d'opposer « L'Etat, c'est moi ! » à une autre formule (authentifiée celle-là) que prononce Louis XIV à la fin de sa vie : « Je m'en vais, mais l'Etat demeurera toujours. » Comme quoi Louis XIV pouvait changer d'avis ou perdre la mémoire. A moins qu'il n'ait jamais été l'auteur de cette petite phrase dans laquelle il s'identifie à l'Etat. Le débat reste ouvert.

Eurêka !

Archimède.

Géniale, légendaire et drôle. Ainsi peut-on résumer l'histoire de ce célèbre *Eurêka !* Savant grec, Archimède touche avec un égal bonheur aux mathématiques, à la physique et aux sciences de l'ingénieur. Citons ses travaux liés au système de numération et à la géométrie dans l'espace ; ses calculs sur le cercle, la sphère et la spirale ; son traité de statique dans lequel figure le principe du levier. En outre, il imagine la vis sans fin, la poulie, un planétarium pour étudier le mouvement des astres et même... des machines de guerre pour résister aux assauts des Romains qui encerclent Syracuse (212 av. J.-C.). Archimède sera d'ailleurs tué par un soldat romain à l'issue du siège de sa ville.

Mais cet illustre et infatigable chercheur a conquis des générations de potaches. Car même les plus rétifs aux sciences physiques se souviennent toute leur vie du fameux principe d'Archimède. Découvrir les premières lois fondamentales de l'hydrostatique en prenant tout bêtement son bain, ça marque forcément les esprits ! Ensuite, rien de plus facile que de retenir : tout corps plongé dans un liquide subit une poussée verticale, orientée de bas en haut, égale au poids du fluide déplacé et appliquée au centre de gravité du corps.

De surcroît, cette légendaire découverte puise ses origines dans une anecdotique demande formulée par le roi de Syracuse, Hiéron II (mort en 215 av. J.-C.). Ayant décidé d'offrir une couronne d'or aux dieux, il a subitement des doutes sur l'honnêteté de l'ouvrier qui a confectionné le joyau. Aussi demande-t-il à Archimède, un vague parent, de prouver l'absolue pureté de l'objet. En le laissant évidemment intact. Hiéron pense que son ouvrier a réalisé la couronne dans un mélange d'or et d'argent.

Archimède se met donc à chercher. Jusqu'au jour où il prend ce fameux bain, constate que son corps semble moins lourd dès qu'il l'immerge dans l'eau, s'intéresse au volume de liquide qui déborde... et sort tout nu dans les rues de Syracuse, courant et criant : « *Eurêka ! Eurêka !* » (J'ai trouvé !)

Reste cependant quelques mesures précises à effectuer. Archimède plonge dans un vase rempli d'eau une masse d'or pur, puis une masse d'argent, chacune ayant rigoureusement le même poids que la couronne. Il constate que la masse d'argent déplace davantage d'eau que la masse d'or. Il immerge le joyau qui déplace un volume d'eau supérieur à celui de la masse d'or, mais inférieur à celui de la masse d'argent. Hiéron ne possède donc pas un objet en or pur, mais bel et bien un mélange d'or et d'argent.

Un peu comme la pomme de Newton, le bain d'Archimède passera ainsi à la postérité.

F

La farce est jouée.

François Rabelais. Paris, 1553.

Truculent écrivain, à la fois moine et médecin, François Rabelais ne manquait ni d'humour ni de sagesse. Chacun connaît son incomparable goût du langage et son sens de l'invention cocasse qui font merveille dans une œuvre où l'ivresse verbale, subtilement mêlée au savoir, triomphe.

Admirateur des textes de l'Antiquité, François Rabelais n'ignorait certainement pas le traditionnel « *Acta est fabula* » (L'histoire est finie ; la pièce est jouée) qui ponctuait toute représentation théâtrale. Au moment de mourir, il aurait donc prononcé une formule analogue. Comme pour conclure par un étincelant clin d'œil intimement lié à sa personnalité : « La farce est jouée. »

Par ailleurs, dans ses fameuses *Vies des douze Césars*, Suétone (70-128) raconte comment l'empereur Auguste (63 av. J.-C.-14) aurait lui-même mis en scène sa mort en conviant ses amis proches et en disant notamment : « Eh bien messieurs, ai-je bien joué la farce ? » François Rabelais avait probablement lu Suétone, qui lui-même ne se gênait pas pour enjoliver ses biographies.

Alors, Auguste ou Rabelais ? Probablement les deux ! Quoi qu'il en soit, il faut une bonne dose de sagesse et de lucidité pour prononcer pareille formule à l'instant fatal.

La France a perdu une bataille, mais la France n'a pas perdu la guerre.

Charles de Gaulle. Londres, juillet 1940.

Voilà un an que Hitler défie l'Europe. En quelques semaines, l'histoire bascule. Les Allemands envahissent la Norvège et le Danemark (avril 1940). Puis ils lancent une audacieuse offensive contre la Hollande et la Belgique. Les deux pays doivent capituler (15 et 27 mai). En France (mi-mai) les blindés ennemis réussissent la percée de Sedan. Les alliés britanniques se replient à Dunkerque et évacuent le territoire français. Début juin, c'est la débâcle et l'exode.

Le 5 juin, Charles de Gaulle est appelé comme sous-secrétaire d'Etat à la Défense nationale. Quelques jours auparavant, il avait été promu général de brigade. Le 12, le gouvernement de Paul Reynaud se replie en Touraine avant de gagner Bordeaux, tandis que les troupes allemandes entrent dans Paris le 14.

Paul Reynaud, président du Conseil, démissionne deux jours plus tard. Le soir même, le maréchal Pétain constitue un cabinet. Le lendemain, il s'adresse aux Français à la radio : « C'est le cœur serré que je vous dis aujourd'hui qu'il faut cesser le combat. Etc. » André Gide (1869-1951) confie alors à son *Journal* (publié entre 1943 et 1953) : « Hier soir, nous avons entendu avec stupeur à la radio la nouvelle allocution de Pétain. On soupçonne quelque ruse infâme. Comment parler de France intacte après la livraison à l'ennemi de plus de la moitié du pays ? »

Signé dans un wagon le 22 juin à Rethondes (près de Compiègne), l'armistice entrera en vigueur le 25 juin 1940.

De Gaulle, lui, ne se résigne pas. Il se montre déterminé à poursuivre la guerre avec, au besoin, le repli du gouvernement en dehors du territoire national (éventuellement en Afrique du Nord). Mais le jeune général se heurte au prestige de Pétain et à l'influence du général Weygand. De Gaulle n'admet pas que le gouvernement de la France soit placé sous tutelle allemande. Aussi, dès le 17 juin, il s'envole de Bordeaux pour Londres.

Depuis la capitale anglaise, de Gaulle lance donc son célèbre appel du 18 juin. Un texte parfois technique, mais dont l'histoire retiendra cette formule : « Quoi qu'il arrive, la flamme de la résistance française ne doit pas s'éteindre et ne s'éteindra pas ! » Chacun sait que bien peu d'auditeurs ont entendu ce fameux appel le jour de sa diffusion sur les ondes de la BBC.

En revanche, les affiches qui seront placardées sur les murs de Londres, environ un mois plus tard, auront un réel impact. Ce texte incite à poursuivre la lutte sur un ton où l'on sent déjà percer le style gaullien : « La France a perdu une bataille, mais la France n'a pas perdu la guerre ! Des gouvernants de rencontre ont pu capituler, cédant à la panique, oubliant l'honneur, livrant le pays à la servitude. Cependant, rien n'est perdu ! Rien n'est perdu parce que cette guerre est une guerre mondiale. Dans l'univers libre, des forces immenses n'ont pas encore donné. Un jour ces forces écraseront l'ennemi. Il faut que la France, ce jour-là, soit présente à la victoire. Alors, elle retrouvera sa liberté et sa grandeur. Tel est mon but, mon seul but ! Voilà pourquoi je convie tous les Français, où qu'ils se trouvent, à s'unir à moi dans l'action, dans le sacrifice et dans l'espérance. Notre patrie est en péril de mort. Luttons tous pour la sauver ! Vive la France ! »

La France contient trente-six millions de sujets, sans compter les sujets de mécontentement.

Henri Rochefort. 30 mai 1868.

Infatigable, voire indomptable ! Tels sont les deux mots qui semblent qualifier au mieux la personnalité du marquis Victor Henri de Rochefort-Luçay. Issu d'une vieille famille noble ruinée par la Révolution, Victor Henri abandonne ses études de médecine pour devenir un modeste fonctionnaire à l'Hôtel de Ville de Paris (1851-1861). Parallèlement, le jeune homme fournit des critiques théâtrales à quelques gazettes (notamment au *Charivari*).

A partir de 1861, celui qui signera désormais sous le pseudonyme d'Henri Rochefort se consacre intégralement à l'écriture. Il produit quatorze pièces de théâtre (des vaudevilles) en quatre ans ! Surtout, il se lance dans le journalisme politique. Avec un indéniable talent de polémiste féroce, il collabore au *Nain jaune*, au *Soleil*. Mais les ennuis commencent et sa virulence lui vaut de nombreux duels.

Fondé en 1854 par Jean Hippolyte Cartier de Villemessant, *Le Figaro*, d'abord hebdomadaire de la vie parisienne, se transforme dès 1866 en quotidien politique. Il ouvre alors largement ses colonnes à la plume acérée d'Henri Rochefort. Mais Villemessant ne peut contenir les assauts du pouvoir impérial qui obtient le renvoi du farouche polémiste en 1868. Curieusement, la même année Napoléon III promulgue une loi qui met fin à l'autorisation préalable de publier (dans les faits, une sorte de censure déguisée).

Henri Rochefort s'engouffre immédiatement dans cet infime espace de liberté retrouvée. Il fonde *La Lanterne*, un hebdomadaire petit format de trente-deux pages. Ce véritable brûlot dirigé contre le Second Empire obtient un succès considérable. La virulence du propos fait mouche et un public conquis s'arrache le premier numéro (80 000 exemplaires vendus).

En journaliste accompli, Henri Rochefort sait mêler l'humour à son indéniable talent de pamphlétaire. Pour preuve cette formule qui attaque son article dans le premier numéro de *La Lanterne*, le 30 mai 1868 : « La France contient, dit l'Almanach impérial, trente-six millions de sujets, sans compter les sujets de mécontentement. » Saisi dès le troisième numéro, l'hebdomadaire est purement et simplement interdit à sa onzième parution. Et Rochefort doit alors se réfugier en Belgique.

Elu député de Belleville en 1869, Henri Rochefort siège à l'extrême gauche, en compagnie du seul Raspail. Il fonde alors une feuille révolutionnaire baptisée *La Marseillaise* qui poursuit avec une impétueuse énergie son combat contre l'Empire.

En janvier 1870, s'estimant diffamé dans un article de *La Marseillaise*, Pierre Bonaparte (1815-1881) provoque en duel son rédacteur en chef, un certain Grousset. Survient alors cet étrange épisode qui ne sera jamais clairement élucidé. Le 10 janvier, tandis que l'affrontement se prépare, le cousin germain de Napoléon III (et neveu de Napoléon Ier) perd manifestement son sang-froid. Se croyant menacé, Pierre Bonaparte tue d'un coup de pistolet Victor Noir, journaliste à *La Marseillaise* et témoin de Grousset.

Immédiatement, la presse d'opposition se déchaîne. Et Henri Rochefort décoche cette superbe formule, simple, acerbe et efficace : « J'ai eu la faiblesse de croire qu'un Bonaparte pouvait être autre chose qu'un assassin. »

Henri Rochefort sera arrêté le 7 février 1870 et libéré dès septembre. Après le désastre de Sedan qui entraîne la déchéance de l'empereur et la proclamation de la IIIe République. De son côté, Pierre Bonaparte sera jugé en mars 1870 par une haute cour siégeant à Tours. Acquitté, il se réfugie en Angleterre.

Par la suite, Henri Rochefort ne désarme pas. Il soutient la Commune (mars-mai 1871) avec un nouveau journal baptisé *Le Mot d'ordre*. Condamné à la déportation en Nouvelle-Calédonie (1873), il s'évade et se réfugie à Londres (1874). Amnistié en 1880, il revient en France, fonde *L'Intransigeant* et sera élu député en 1885. Henri Rochefort va alors s'égarer dans le nationalisme du démagogique général Boulanger. Sans perdre pour autant de son agressivité, le talentueux pamphlétaire se range dans cette curieuse mouvance qui regroupe des mécontents de tous bords aux objectifs disparates, voire antinomiques : bonapartistes, radicaux, royalistes et revanchards de la Ligue des patriotes prêts à en découdre de nouveau contre l'Allemagne.

Après l'échec de Boulanger, Rochefort va même suivre le général dans son exil en Belgique. Ce qui lui vaut une nouvelle condamnation (par contumace) à la déportation. Il se réfugie à Londres, continue de pourfendre avec frénésie le pouvoir et défend toujours la thèse nationaliste. Et, à l'image d'un vieux boxeur usé qui perd sa lucidité, Rochefort participe au combat de trop en s'attaquant aux partisans de Dreyfus.

Encore une fois amnistié (1895), le fougueux adversaire de Napoléon III rentrera finir ses jours en France.

La France n'a jamais demandé que deux choses à un gouvernement : l'ordre et la liberté.

Léon Gambetta. Le Havre, 18 avril 1872.

Tribun de poids de la IIIe République, Gambetta ne rechignait jamais à haranguer la foule en allant au-devant des citoyens. Notamment en province. Elu pour la première fois sous le Second Empire finissant (mai 1869), Gambetta devient le chef de file de la minorité républicaine du Corps législatif.

Leader du mouvement insurrectionnel du 4 septembre 1870 qui conduit à la proclamation de la IIIe République, Gambetta est triomphalement réélu aux législatives complémentaires de juillet 1871 qui se soldent par un véritable raz-de-marée républicain. Gambetta siège alors à l'extrême gauche et dirige l'Union républicaine.

Avocat de formation, il n'a rien perdu de sa verve lorsqu'il s'agit de défendre ses idées et la cause de son parti. Ainsi, dans un brillant discours prononcé au Havre (18 avril 1872), Gambetta rejette à tout jamais les principes de l'Ancien Régime qui s'appuyait sur le refus des libertés pour imposer un ordre despotique, unilatéral. Selon lui, seule la République sait concilier ces deux exigences fondamentales du peuple : « La France ne se séparera jamais de vous, chers républicains. Car la France n'a jamais demandé que deux choses à un gouvernement : l'ordre et la liberté. »

Frappe de telle sorte qu'il se sente mourir.

Caligula. Vers 38-39.

Fils de Germanicus et d'Agrippine l'Aînée (petite-fille d'Auguste), Caligula passe l'essentiel de sa jeunesse dans un camp de l'armée romaine, en Germanie. C'est ici, entre 14 et 16, que les soldats surnomment l'enfant *Caligae*, du terme qui désigne les chaussures militaires (bottes, bottillons) qu'il prend l'habitude de porter. Chargé de rétablir l'ordre dans la région, son père se couvre de gloire et hérite lui aussi d'un surnom qu'il gardera : Germanicus (le Germanique).

Alors empereur, Tibère envoie ensuite son neveu Germanicus vers l'Orient. Pour... « pacifier » l'Arménie. Mais il entre en conflit avec le gouverneur de Syrie, Cneius Pison (confident de Tibère). Chassé de la province, Germanicus meurt subitement près d'Antioche, probablement empoisonné (19). Son épouse, Agrippine, voit derrière cet assassinat la main de Pison. D'autres avancent que ladite main aurait pu être guidée par Tibère lui-même, jaloux des succès militaires et de l'immense popularité de Germanicus. Traduit devant le sénat et abandonné par l'empereur, Cneius Pison se donnera la mort en l'an 20. Quoi qu'il en soit, Caligula se retrouve orphelin et Tibère adopte le jeune homme.

En l'an 37, à vingt-cinq ans, Caligula succède donc à son grand-oncle. Après des débuts prometteurs où il mène une politique plutôt libérale, Caligula sombre brusquement dans la démence. La folie le conduit à prendre des décisions extravagantes. Par exemple, il donne le titre de consul à son cheval préféré ou souhaite que ses sujets le vénèrent comme un dieu, voire comme le « Nouveau Soleil ». Mais sa tyrannie, cruelle et sanguinaire, le pousse vers d'autres extrémités : relations incestueuses avec ses sœurs, crimes d'innocents, exécutions sans raison de citoyens dans le seul but d'accaparer leurs richesses...

Toujours friand d'anecdotes pour illustrer les récits de

ses *Vies des douze Césars*, Suétone (70-128) insiste sur la cruauté de Caligula. Par exemple, il décrit la minutie de l'empereur dans les ordres précis qu'il donne aux bourreaux : « Frappe de telle sorte qu'il se sente mourir. » Suétone ajoute que Caligula signait les condamnations à mort de ses prisonniers tous les dix jours. Il prononçait alors une phrase rituelle : « J'apure mes comptes. »

Frappez donc, puisqu'il le faut !

Galba. Rome, 15 janvier 69.

Dévorée par l'ambition, Agrippine la Jeune (sœur de Caligula et fille d'Agrippine l'Aînée) conjugue avec doigté trois avantages : indéniable intelligence, goût prononcé des manœuvres et art consommé du complot. Agrippine n'a qu'un seul objectif en tête : propulser son fils, Néron, sur la plus haute marche du pouvoir. En 49, avec ce but fermement chevillé au corps, Agrippine la Jeune décide d'épouser son oncle en secondes noces, Claude. Ensuite, elle s'emploie nuit et jour à exercer sur l'empereur une emprise absolue. Au point de le décider à adopter Néron, puis à le désigner comme successeur de la couronne impériale, au préjudice du propre fils de Claude, Britannicus.

Probablement empoisonné par Agrippine la Jeune, Claude meurt le 13 octobre 54. Britannicus écarté, le fils adoptif de l'empereur apparaît donc comme l'héritier désigné. Au prix d'ultimes intrigues et manigances soutenues par le préfet du prétoire (le chef de la garde prétorienne), Néron est finalement proclamé empereur des Romains. Et il le restera jusqu'en 68.

Le jeune homme (il n'a que dix-sept ans) s'empresse de faire assassiner Britannicus (55) et même sa propre mère, Agrippine (59), qui avait tant œuvré pour son destin. Sombrant ensuite dans un despotisme sanguinaire, Néron se livre aux pires exactions mêlées d'étranges extravagances, au point que les outrances de son oncle Caligula ne ressemblaient plus qu'à de médiocres fredaines.

Toutefois, le mécontentement commence à grandir dans le peuple, mais aussi dans l'aristocratie pourtant comblée de spectacles et de jeux. En 65, il déjoue une conjuration menée par Caius Pison, aristocrate romain banni par Caligula. Complot qui conduit Néron à condamner à mort le philosophe Sénèque (4 av. J.-C.-65), son ancien précepteur et conseiller.

Mais bientôt, le général Julius Vindex appelle la Gaule aux armes en soutenant Galba, gouverneur de l'Espagne tarraconaise (grand Nord-Est de la péninsule). Une nouvelle fois, le préfet du prétoire jouera un rôle décisif. Et la garde prétorienne (chargée de protéger l'empereur) propulse Galba sur la plus haute marche du pouvoir romain (68). Succès qu'il aura à peine le temps de savourer.

Sordide avare mâtiné de balourd brutal, Galba se met rapidement à dos les légions quand il refuse de verser l'argent (*donativum*) qu'il avait promis aux soldats lors de sa prise de pouvoir. Les prétoriens se rangent donc aux côtés d'Othon et décident d'assassiner Galba. Conscient de l'issue qui l'attend en voyant des hommes armés s'approcher de lui (15 janvier 69), l'empereur s'écrie : « Frappez donc, puisqu'il le faut ! »

Ancien favori déchu de Néron, Othon prend alors le pouvoir et se suicide après trois mois de règne (avril 69). Vitellius lui succède pour trois mois supplémentaires ! Jusqu'en juillet 69, date à laquelle les légions d'Orient proclament Vespasien. Après la période de troubles engendrés par la chute de Néron, Vespasien apparaît comme l'homme providentiel, seul capable de restaurer l'ordre et la paix. Il régnera jusqu'en 79.

Quant à Néron, déclaré ennemi public dès l'avènement de Galba, il s'était enfui de Rome. Ne trouvant pas la force de s'empoisonner, il s'était fait tuer par l'un de ses affranchis, son secrétaire, Epaphrodite (9 juin 68). Il aurait déclaré dans un dernier souffle : « Quel artiste périt avec moi ! » Il faut rappeler que Néron n'hésitait pas à se mêler aux jeux, à pratiquer des compétitions au cirque (dans le rôle du cocher), à réciter des vers au théâtre, à s'exhiber en jouant de la flûte et en dansant. Il entreprit même de véritables « tournées artistiques et sportives » en Grèce.

G

La garde meurt et ne se rend pas.

Pierre Cambronne. Waterloo, 18 juin 1815.

Cambronne a pris part à toutes les campagnes du Premier Empire. Major général de la garde impériale, il accompagne Napoléon à l'île d'Elbe (1814) et revient avec lui pour la période des Cent-Jours. Au cours de la bataille de Waterloo, Cambronne se bat jusqu'au bout. Fidèle parmi les fidèles, il ne peut se résoudre à lâcher prise.

Pourtant, les troupes de l'Anglais Wellington et du Prussien Blücher ont définitivement anéanti l'armée napoléonienne. Et tandis qu'un officier britannique propose la reddition au dernier carré de la vieille garde, Cambronne aurait eu cette réplique superbe : « La garde meurt et ne se rend pas. »

Dès le 24 juin, dans le *Journal général de la France*, Michel Balisson de Rougemont avait forgé la légende. Il attribue cette cinglante riposte à Cambronne. Mais jamais l'auteur présumé n'authentifia ce mot. En revanche, le général Michel (présent lui aussi sur le champ de la bataille de Waterloo) en revendiqua la paternité.

D'autres affirment que le général Cambronne ne s'embarrassa pas d'une formule plaisante pour répondre à l'injonction des Anglais. En réalité, il aurait tout simplement rétorqué : « Merde ! » Dans *Les Misérables*, Victor Hugo écrit : « Colville selon les uns, Maitland selon les autres, leur cria : "Braves Français, rendez-vous !" Cambronne répondit : "Merde !" » Le valeureux général n'authentifia pas davantage ce « mot de Cambronne » !

Gouverner, c'est prévoir.

Emile de Girardin.

Journaliste, écrivain et homme politique, Emile de Girardin lance, à partir de 1829, des publications telles que *La Mode, Le Journal des connaissances utiles* ou encore *Le Panthéon littéraire*. Mais surtout, il crée un véritable événement en proposant *La Presse*, un quotidien qui ouvre ses colonnes à la publicité et aux petites annonces (juillet 1836). Conséquence, le journal coûte deux fois moins cher que ses concurrents.

Lancement et réussite spectaculaires qui seront néanmoins ternis par la mort d'Armand Carrel (fondateur du *National* en janvier 1830). En effet, rien ne peut arrêter Emile de Girardin. Il menace de révéler que Carrel vit avec une femme mariée (le divorce a été supprimé sous la Restauration). Armand Carrel provoque donc Girardin pour un duel qui se déroule le 22 juillet 1836. Grièvement blessé, Carrel s'éteint deux jours plus tard. Le dénouement tragique de cette orgueilleuse bravade provoque un retentissant émoi qui marquera longtemps Emile de Girardin.

Député de Bourges élu en 1834, Emile de Girardin soutient l'action du gouvernement, mais conseille finalement à Louis-Philippe d'abdiquer le 24 février 1848. *La Presse* mène campagne pour l'élection de Louis Napoléon Bonaparte à la présidence de la République (20 décembre 1848). L'année suivante, Girardin siège à l'Assemblée législative. Expulsé après le coup d'Etat du 2 décembre 1851, Emile de Girardin peut revenir en France l'année suivante pour diriger de nouveau son quotidien. Et pour devenir le premier magnat de la presse moderne à grand tirage dont il comprend et utilise tous les ressorts (économiques, financiers, politiques, sociologiques).

Après avoir soutenu un Bourbon-Orléans (Louis-Philippe), puis les républicains, Emile de Girardin ne tarde pas à devenir bonapartiste. *La Presse* mais aussi un de ses autres journaux intitulé *La Liberté* vantent sans aucune retenue les mérites de l'Empire libéral.

Après le désastre de Sedan et l'abdication de Napoléon III (4 septembre 1871), Emile de Girardin attaque avec violence le gouvernement provisoire qui donnera naissance à la IIIe République. Toutefois, dès 1872, dans *Le Moniteur universel* aussi bien que dans *Le Petit Journal*, Emile de Girardin défend la politique menée par Adolphe Thiers, président de la République depuis août 1871. Certains diront que les deux hommes sont amis, d'autres qu'ils se détestent ! Quoi qu'il en soit, ils semblent inséparables. En effet, la tradition veut que l'on accorde au journaliste la paternité de la fameuse formule : « Gouverner, c'est prévoir. » Cependant, d'aucuns prétendent qu'elle serait plutôt de Thiers.

Par la suite, Emile de Girardin diffuse largement les idées républicaines à travers le pays. Puis il attaque la politique de l'ordre moral prônée par Mac-Mahon, président de la République de 1873 à 1879. Député de Paris en octobre 1877, Emile de Girardin siège à l'Assemblée jusqu'à sa mort. Il consacre alors son énergie à lutter pour la liberté de la presse.

Delphine Gay, son épouse, a écrit de nombreux ouvrages romanesques et poétiques. Mais aussi des chroniques dans *La Presse* (sous le pseudonyme du vicomte de Launey). Femme d'esprit, elle tenait salon littéraire à Paris. On lui attribue ce mot le jour du décès de Talleyrand (17 mai 1838) : « Il est mort en homme qui sait vivre. »

La guerre est une chose trop sérieuse pour être confiée à des militaires.

Georges Clemenceau. 1886.

Tombeur de ministères, Tigre et Père la victoire. Trois surnoms pour un seul homme ! Il faut dire que l'action et la personnalité de Georges Clemenceau ne laissaient personne indifférent. Médecin, il s'engage en politique en 1870, à la chute du Second Empire. Député radical dès 1871, il siège ensuite à l'extrême gauche de l'Assemblée.

Georges Clemenceau s'oppose d'abord à la politique de Mac-Mahon (alors président de la République), mais il contribue surtout à la chute des ministères de Léon Gambetta (1881-1882) et de Jules Ferry (1883-1885). D'où, précisément, sa réputation de « tombeur de ministères ». Très vite, sa verve caustique, son attitude souvent cynique, mais aussi le talent de sa plume volontiers féroce lui vaudront de gagner ses galons de « Tigre » dévastateur.

En 1886, Clemenceau soutient la nomination de Boulanger au poste de ministre de la Guerre. Mais il comprend rapidement sa bévue en constatant l'inquiétante dérive dictatoriale du général qui fédère autour de lui maints revanchards (bonapartistes, nationalistes et monarchistes). Boulanger est écarté en avril 1887. Après cette fâcheuse expérience, on comprend mieux que Clemenceau ait pu dire : « La guerre est une chose trop sérieuse pour être confiée à des militaires. »

Compromis dans le scandale de Panama, le Tigre doit à son tour quitter la politique. Momentanément. Il revient à la faveur de l'affaire Dreyfus en prenant vigoureusement fait et cause pour ce capitaine injustement bafoué. Et, dans *L'Aurore* du 13 janvier 1898, Clemenceau publie le célèbre « J'accuse ! » d'Emile Zola.

Ministre de l'Intérieur (mars 1906), puis président du Conseil (octobre 1906-1909), Georges Clemenceau a soixante-seize ans lorsque le président de la République, Raymond Poincaré, l'appelle de nouveau à la présidence du Conseil (16 novembre 1917). Il déclare alors sans ambages : « Je n'ai pas cherché le pouvoir, je ne vous ferai pas de promesses, je ferai la guerre. Voilà tout ! »

Le Tigre restaure la confiance, lutte contre le défaitisme et impose le maréchal Foch aux Alliés pour le commandement unique des forces armées. Après la victoire, Clemenceau préside la conférence de Paris, puis négocie le traité de Versailles l'année suivante.

En janvier 1920, une popularité intacte et le titre envié de « Père la victoire » poussent Georges Clemenceau à tenter sa chance. Il pose sa candidature à la succession de Raymond Poincarré qui décide de ne pas se représenter. Mais la subtilité du jeu des partis, l'hostilité d'une bonne partie de la classe politique (à droite comme à gauche) et l'intransigeance du Tigre portent Paul Deschanel à la présidence de la République. Clemenceau laisse alors tomber en guise de commentaire : « Un Parlement en voudra toujours à un homme de faire de la politique nationale. »

La guerre n'est que la continuation de la politique par d'autres moyens.

Karl von Clausewitz. 1825.

Général prussien et théoricien de la stratégie militaire, Karl von Clausewitz acquiert une renommée internationale grâce à ses analyses et commentaires sur la pratique guerrière. Il combat dès 1792 dans l'armée prusienne et affronte les troupes napoléoniennes à Waterloo, aux côtés des Russes.

Son célèbre traité intitulé *De la guerre* (1825) influencera des bataillons d'officiers dans l'Europe entière. Impressionné par les soulèvements de masse (et notamment par le poids idéologique de la Révolution française), Clausewitz avance dans les premières pages de son ouvrage : « La guerre n'est que la continuation de la politique par d'autres moyens. »

Pour lui, lorsqu'une nation entre dans une guerre décisive, tout le pays doit se consacrer à la lutte (et pas uniquement l'armée). On peut donc considérer Clausewitz comme le père de la « guerre totale » qui vise à ne point dissocier engagement politique et direction militaire.

H

Honni soit qui mal y pense.

Edouard III. Windsor, 1346.

Au cours du bal qui se tient dans le château royal de Windsor, la jarretière bleue qui retient le bas de la comtesse de Salisbury glisse de sa jambe. Puis elle tombe lentement sur le sol. Au vu de tous les danseurs ! Flegmatique — le roi ne doit-il pas montrer l'exemple ! —, Edouard III ramasse alors le ruban de velours sous le regard amusé, voire sous les chuchotements sarcastiques, de ses invités.

Face aux sourires entendus et aux murmures railleurs de la foule, Edouard III aurait malicieusement lancé en brandissant l'objet : « Messieurs, honni soit qui mal y pense ! Tel qui s'en rit aujourd'hui s'honorera de la porter demain. » Autrement dit : « Honte à celui qui voit ici le mal. »

Trois ans plus tard (23 avril 1349), le souverain va officiellement créer le prestigieux ordre de la Jarretière, qui prend pour devise *Honi soit qui mal y pense* (avec l'orthographe du XIVe siècle pour le terme *honi* qui ne prend alors qu'un seul « n »). L'emblème de l'ordre se compose d'une jarretière bleue sur fond d'or.

Il semble bien que cette histoire fort romantique n'ait cependant rien à voir avec la création de l'ordre. Du moins, nombre d'historiens penchent-ils plutôt pour une version plus militaire. Sachant que Richard Cœur de Lion (1157-1199) faisait déjà porter à ses meilleurs soldats une jarretière de cuir en signe de distinction honorifique, d'aucuns pensent donc qu'Edouard III aurait voulu ressusciter cette tradition.

Cependant, les avis divergent sur le lieu et la date auxquels le roi aurait pris sa décision visant à remettre la jarretière à l'honneur. Windsor, en janvier 1344, pour certains. A la bataille de Crécy, en 1346, pour les autres. Seule certitude, le proverbe français a bel et bien était choisi pour devise.

Les membres de l'ordre de la Jarretière se réunissent chaque 23 avril dans la chapelle Saint-George du château de Windsor.

I

I have a dream...

Martin Luther King. Washington, 28 août 1963.

Pasteur baptiste noir, Martin Luther King mobilise l'opinion américaine dès 1955. Notamment lorsqu'il organise le boycottage des autobus municipaux de Montgomery (Alabama) pour protester contre toute forme de ségrégation raciale. L'opération dure trois cent quatre-vingt-un jours. Elle marque le point de départ de la lutte des Noirs américains pour obtenir une loi sur la reconnaissance de leurs droits civiques.

La Southern Christian Leadership Conference (SCLC) que crée Martin Luther King (1957) prône alors l'action non violente. Le révérend organise de multiples « sit-in » dans des supermarchés ou au milieu de la chaussée. Au printemps 1963, Martin Luther King préside une marche de la liberté sur Birmingham. En août, le pasteur récidive. Il rassemble cette fois deux cent cinquante mille personnes pour participer à une gigantesque marche de protestation contre la discrimination raciale. Rendez-vous à Washington !

Le 28 août 1963, au pied de la statue d'Abraham Lincoln (président des Etats-Unis de 1861 à 1865), Martin Luther King prononce l'un des plus émouvants discours politiques du XXe siècle. Une allocution d'espoir, construite à la façon d'un negro spiritual et rythmée par cette célèbre répétition : « *I have a dream...* » (Je fais un rêve).

« *I say to you today, my friends, that in spite of the difficulties and frustrations of the moment, I still have a dream...* » (Mes amis, je vous dis aujourd'hui, en dépit des difficultés et frustrations du moment, je rêve encore...) « *I have a dream that one day, even state of Mississippi, a desert state sweltering with the heat of injustice and oppression, will be transformed into an oasis of freedom and justice...* » (Je fais le rêve qu'un jour, même l'Etat du Mississippi, désert accablé par l'injustice et l'oppression, se transformera en oasis de paix et de justice).

Lyndon Johnson, président américain qui succède à John Kennedy (assassiné en novembre 1963), signera la loi sur la mise en place des droits civiques des Noirs le 2 juillet 1964. Martin Luther King sera mortellement blessé de plusieurs coups de feu (4 avril 1968) alors qu'il se trouve sur le balcon d'un hôtel de Memphis (Tennessee). Il n'assistera donc pas à la ratification par Lyndon Johnson (11 avril 1968) du document qu'il avait farouchement défendu, la loi sur les droits des citoyens, qui abolit les principales discriminations frappant la population noire des Etats-Unis.

Ich bin ein Berliner !

John Fitzgerald Kennedy. Berlin-Ouest, 26 juin 1963.

Entre le samedi 12 et le mercredi 16 août 1961, les Soviétiques construisent à la hâte le mur de Berlin. Plus de cent soixante kilomètres de dalles de béton et de barbelés séparent désormais la partie ouest de la ville et sa partie est, contrôlée par l'URSS. Stupéfaits, les chefs d'Etat alliés ne bronchent pas. Willy Brandt (1913-1992), futur chancelier et à l'époque maire de Berlin-Ouest (1957-1966), qualifiera cependant de « mur de la honte » cet édifice qui isole sa ville de la République démocratique allemande (RDA). En 1989, d'immenses manifestations populaires se dérouleront dans toute la RDA. Lâché par Moscou, le pouvoir est-allemand capitule le 9 novembre 1989. Pris d'assaut par une foule en délire, le mur est détruit.

Deux ans après la construction du mur, le président des Etats-Unis John Fitzgerald Kennedy se rend à Berlin. Soucieux de manifester sa solidarité aux habitants, JFK prononce un discours devant l'hôtel de ville de Berlin-Ouest. Et il déclenche un véritable enthousiasme parmi les centaines de milliers d'auditeurs, à la fois conquis par le personnage et par le message délivré.

Rien n'a été improvisé. JFK a même soigneusement répété quelques expressions en langue allemande. Quant à l'écriture précise et rythmée du discours, elle contribuera sans nul doute à donner à ce texte une dimension historique. En voici quelques passages : « Beaucoup de gens ne comprennent pas la grande question qui oppose le monde libre et le monde communiste. Qu'ils viennent à Berlin ! Certains disent que le communisme est la voie de l'avenir. Qu'ils viennent à Berlin ! D'autres encore, en Europe et ailleurs, disent que nous pouvons travailler avec les communistes. Qu'ils viennent à Berlin ! (...) Ce qui est vrai de cette ville est vrai de l'Allemagne. Une paix réelle et durable en Europe ne pourra être assurée tant qu'un Allemand sur quatre se verra privé du droit élémentaire des hommes libres, qui est de choisir librement. (...) Tous les hommes libres, où qu'ils vivent, sont des citoyens de Berlin. Et c'est pourquoi, en tant qu'homme libre, je m'enorgueillis de dire : *Ich bin ein Berliner !* »

Il est encore plus grand mort que vivant.

Henri III. Blois, 23 décembre 1588.

Le souvenir du massacre de la Saint-Barthélemy (nuit du 23 au 24 août 1572) hante toujours les esprits lorsque Henri III succède à son frère Charles IX (1574). Tiraillé par les influences contradictoires de son entourage, le monarque se range finalement dans le camp de la tolérance. S'efforçant de préserver l'unité du pays, Henri III conclut donc la paix de Beaulieu (1576). Elle reconnaît aux protestants le droit de pratiquer leur culte (sauf à Paris) et de disposer de places fortes pour leur sécurité.

Cette avancée considérable n'apaise évidemment pas les fanatiques de chaque bord. Ils persistent à entretenir une guerre civile qui déchire et affaiblit le pays. De surcroît, les mignons, favoris homosexuels volontiers bretteurs, discréditent chaque jour davantage le pouvoir royal.

Aussi les catholiques fervents décident-ils de réagir. En s'appuyant notamment sur la puissante Ligue, association d'activistes qui s'oppose aux protestants. Déboussolé, Henri III doit donc reprendre le combat contre les huguenots. Sous la pression du prestigieux Henri de Guise, dit le Balafré, les ligueurs obtiennent gain de cause et poussent le monarque à durcir les clauses de la paix de Beaulieu.

Mais survient un événement qui va de nouveau attiser haines et ambitions : la mort du duc d'Anjou (1684), frère d'Henri III. Elle pose ouvertement l'épineux problème de la succession au trône de France. L'héritier légitime s'appelle également Henri, roi de Navarre (futur Henri IV) : un protestant ! Commence alors la guerre des trois Henri : Henri III défend la cause royaliste ; Henri de Guise dirige la puissante Ligue ; Henri de Navarre conduit les réformés.

En octobre 1587, la bataille de Coutras (Gironde) affaiblit encore la position du souverain. Son favori, le duc de Joyeuse, subit là une cuisante défaite face à Henri de Navarre. Au point que le monarque doit fuir une capitale entièrement acquise à Henri de Guise et à la Ligue qui n'acceptent pas cet humiliant revers (mai 1588). Le Balafré jubile. Il se dit « roi de Paris » et n'a jamais vu d'aussi près la couronne de France. Convaincu de sa victoire, il temporise pour obtenir un triomphe absolu. Erreur fatale. C'est sans compter sur la garde rapprochée du roi, ses fidèles « Quarante-cinq ».

Henri III se réfugie à Blois et il convoque son rival sous prétexte de négociation. Henri de Guise refuse d'entendre les rumeurs de traquenard. Fier et courageux, il se rend à l'invitation sans la moindre escorte. Le 23 décembre 1588, le piège se referme. Le duc de Guise tombe dans la chambre royale du château de Blois, lardé de coups de poignard.

Convié à constater l'exécution du Balafré, son encombrant rival, Henri III aurait simplement consenti cette remarque : « Il est encore plus grand mort que vivant. » Allusion à la taille impressionnante du chef de la Ligue.

Finalement, Henri III va se rapprocher du roi de Navarre en le désignant comme son successeur légitime. Dès lors, les deux hommes unissent leurs efforts pour continuer de combattre la Ligue, désormais dirigée par le duc de Mayenne. Mais le 1er août 1589, un moine dominicain, Jacques Clément, venge les extrémistes catholiques. Il poignarde à son tour le souverain. Un geste de bien mauvais augure pour le dernier survivant de la guerre des trois Henri. En effet, Henri IV sera lui aussi assassiné, par Ravaillac, le 14 mai 1610.

Il est mort comme il a vécu, en sous-lieutenant.

Georges Clemenceau. 1891.

Ancien élève de Saint-Cyr, général en 1880, Boulanger ne cache pas ses opinions républicaines. Il devient ministre de la Guerre en janvier 1886, dans le cabinet de Freycinet. Lorsque l'armée doit réprimer la grève des mineurs, à Decazeville, Boulanger évite tout heurt violent et obtient ainsi une popularité certaine auprès des ouvriers. Reconduit dans le cabinet Goblet (décembre 1886), le général incarne alors l'idée d'une revanche contre l'Allemagne.

Dès lors, il rassemble autour de lui ceux que l'on appellera les boulangistes. Des mécontents venus d'horizons différents et aux objectifs le plus souvent contradictoires : bonapartistes, radicaux déçus, monarchistes et revanchards.

Boulanger est alors écarté du pouvoir (mai 1887). Puis il subit un nouvel affront : le gouvernement le met à la retraite (mars 1888). Désormais éligible, le général se lance à corps perdu dans la politique. D'abord élu dans le Nord, il se présente ensuite à chaque élection partielle : Dordogne, Somme et enfin Paris (27 janvier 1889). Mais tandis qu'une foule enthousiaste l'encourage en criant « A l'Elysée ! », le général tergiverse. Il n'ose pas tenter un coup de force.

Le gouvernement se ressaisit enfin et Boulanger

commet l'erreur de s'enfuir en Belgique avec sa maîtresse, amplifiant ainsi l'accusation de complot contre l'Etat. Réuni en haute cour, le Sénat le condamne par contumace à la détention perpétuelle (14 août 1889).

Le général Boulanger erre alors entre Bruxelles, Londres et Jersey. Et, en septembre-octobre 1889, le boulangisme recule très nettement aux élections législatives. La déroute s'accentue l'année suivante, aux municipales, à Paris, après la révélation de tractations entre Boulanger et les royalistes dont le soutien financier n'avait jamais manqué à l'action de ce « républicain » démagogue.

Accablé, Boulanger se suicide sur la tombe de sa maîtresse, Marguerite de Bonnemain (à Ixelles, Belgique, 30 septembre 1891). Georges Clemenceau, qui ne reculait jamais devant une méchanceté, prendra un malin plaisir à répandre ce curieux « éloge » funèbre : « Il est mort comme il a vécu, en sous-lieutenant. »

Il m'a fait trop de bien pour en dire du mal,
Il m'a fait trop de mal pour en dire du bien

Pierre Corneille. 1642.

Obnubilé par le redressement de l'Etat, Richelieu fut le principal ministre de Louis XIII entre 1624 et 1642. Au point que le règne « effectif » du souverain se confonde étroitement avec l'action du cardinal-soldat. Car si les deux hommes n'exprimèrent jamais la moindre sympathie mutuelle, l'un et l'autre avaient consciemment conclu une espèce de contrat de confiance qui dura près de deux décennies.

Richelieu s'active tous azimuts pour restaurer l'autorité royale. D'un côté, il combat avec efficacité les protestants de l'intérieur (reddition de La Rochelle et paix d'Alès) ; de l'autre, il s'allie aux princes huguenots allemands pour lutter contre les Habsbourg. Par ailleurs, le cardinal mate avec fermeté l'agitation de la grande noblesse, s'oppose résolument à la reine mère (Marie de Médicis) et déjoue moult intrigues et complots.

Richelieu réorganise aussi l'administration autour d'un système centralisateur qui fait de lui le premier des Jacobins. Et il rétablit les finances par une fiscalité écrasante, souvent au mépris des plus démunis. Aussi doit-il sévèrement réprimer le soulèvement des croquants (1637) et celui des va-nu-pieds (1639).

Enfin, Richelieu encourage les lettres et la création en général. Fondateur de l'Académie française (1635), il fait bâtir le Palais-Royal et agrandit la Sorbonne. Le cardinal soutient de nombreux poètes, notamment Pierre Corneille qui reçoit une pension pour travailler sous sa protection.

Au terme de dix-huit années de pouvoir autoritaire, le cardinal-ministre-soldat ne compte pas que des amis ! D'autant qu'il conjugue sa puissance à un goût extrême du secret et du renseignement. Par exemple, à la mort de son bienfaiteur, Pierre Corneille joint sa voix aux pamphlets vengeurs. On lui attribue ce quatrain :

Qu'on parle bien ou mal du fameux cardinal,
Ma prose ni mes vers n'en diront jamais rien,
Il m'a fait trop de bien pour en dire du mal,
Il m'a fait trop de mal pour en dire du bien.

A défaut de retrouver ici le lyrisme retenu du dramaturge, ces quatre vers illustrent la puissance rythmique (parfois insistante) qui caractérise son œuvre. Dans le peuple, une sorte de ritournelle anonyme courait les rues en exprimant rigoureusement la même idée :

Le bien qu'il fit, il le fit mal,
Le mal qu'il fit, il le fit bien.

Cette satire évoque une amusante formule reprise avec bonheur par l'humoriste français Coluche (1944-1986). Son talent gouailleur savait en restituer toute la saveur : « Il est capable du meilleur comme du pire. Mais c'est dans le pire qu'il est le meilleur ! »

Il me paraît essentiel qu'il y ait des gueux ignorants.

Voltaire. Avril 1766.

Ambigu personnage que ce Voltaire ! Retiré à Ferney à partir de 1758, le philosophe inonde l'Europe d'écrits les plus divers : romans, contes, poèmes, épîtres... Il prend même un malin plaisir à publier brochures satiriques et pamphlets anonymes, refusant obstinément d'en endosser la paternité. Non sans afficher une ironique jubilation qui ne trompe finalement personne.

Dans son œuvre littéraire, Voltaire dénonce le fanatisme. Principalement celui de l'Eglise catholique, mais aussi celui de toutes les religions qui, selon lui, étouffent la raison et condamnent les plaisirs. Il attaque avec violence la guerre, les abus sociaux, les lettres de cachet, la torture et l'aveuglement de la justice. Voltaire se fait ainsi le chantre respecté de la lutte contre l'intolérance. Il soutient crânement les protestants et, par exemple, défend Jean Calas, accusé à tort d'avoir assassiné son fils pour l'empêcher de se convertir au catholicisme. Comme dans l'affaire comparable de Pierre-Paul Sirven, Voltaire obtient la réhabilitation des deux hommes (en 1765 et 1771).

Audacieux, défenseur intransigeant des persécutés, novateur, flatteur servile des grands d'Europe, tour à tour athée et déiste, espiègle, épris de liberté, en un mot, insaisissable, Voltaire entretient une abondante correspondante. Et là, s'expriment toutes les facettes de sa personnalité.

Celui qui sera perçu (notamment avec Jean-Jacques Rousseau) comme l'un des inspirateurs de la Révolution française va parfois avancer des points de vue déroutants. Ainsi écrit-il en avril 1766 : « Il me paraît essentiel qu'il y ait des gueux ignorants. » Le 19 mars 1766, il avait déjà évoqué cette idée dans une missive à Damilaville : « Il est à propos que le peuple soit guidé et non pas qu'il soit instruit. »

Nous sommes à des années-lumière du plaidoyer de Danton qui réclame à la tribune de la Convention (13 août 1793) une instruction publique, gratuite et obligatoire : « Après le pain, l'éducation est le premier besoin du peuple. »

Bourgeois nanti, avide et fidèle à la monarchie, Voltaire a probablement peur du peuple, cette « populace qui n'a que ses bras pour vivre » (1766). Il va plus loin en 1769, dans une lettre à Tabareau : « Ce sont des bœufs auxquels il faut un joug, un aiguillon et du foin. »

Il nous a fait plus de mal en se laissant prendre que le jour où il nous a trahis.

Louis XVIII. 1815.

La défaite de Waterloo met fin à la période des Cent-Jours. Une semaine plus tard, Napoléon abdique une seconde fois (22 juin 1815) et Louis XVIII rentre de son exil forcé à Gand. Le souverain avait restauré une monarchie constitutionnelle en France (juin 1814) et il semble vouloir mener une politique du juste milieu. Mais les élections au suffrage censitaire d'août 1815 envoient à la Chambre une quasi-unanimité de royalistes convaincus.

Ce qui aurait pu faciliter la tâche de Louis XVIII débouche en réalité sur une impasse. Les ultra-royalistes dominent tous les votes et débats. Et tandis que le roi ne cache pas qu'il veut limiter une épuration inévitable, le député François de La Bourdonnaye réclame des punitions exemplaires contre tous ceux qui ont soutenu ou participé aux Cent-Jours : « Pour arrêter leurs trames criminelles, il faut des fers, des bourreaux et des supplices. La mort, la mort seule, peut effrayer leurs complices et mettre fin à leurs complots. » Et d'ajouter : « Défenseurs de l'humanité, sachez répandre quelques gouttes de sang pour en épargner des torrents. »

Cette vague de répression, baptisée Terreur blanche, commence dès juillet 1815. Les royalistes pourchassent partout bonapartistes et anciens révolutionnaires, voire protestants. Des exécutions sommaires se déroulent à Marseille, Avignon, Toulouse et Nîmes. Avec les élections d'août, cette Terreur blanche prend une forme légale. Michel Ney en sera une illustre victime.

Maréchal d'Empire converti à la Restauration de Louis XVIII dès la première abdication de Napoléon, Ney se joint finalement à son ancien bienfaiteur qu'il venait pourtant arrêter (Auxerre, mars 1815). Puis il l'accompagne vaillamment pendant les Cent-Jours. Caché à Aurillac, le maréchal se fait arrêter le 5 août. Il sera condamné à mort le 6 décembre 1815 et fusillé le lendemain.

A n'en point douter, des déclarations comme celles de François de La Bourdonnaye ont porté leurs fruits. Certes, Louis XVIII répugne sincèrement à utiliser les « fers, bourreaux et supplices », mais il ne peut empêcher ni le procès ni l'exécution du maréchal. Pourtant, lorsqu'il avait appris l'arrestation de Ney le souverain avait déclaré fort à propos : « Il nous a fait plus de mal en se laissant prendre que le jour où il nous a trahis. »

Le roi aura recours à la dissolution pour mettre fin aux excès en tout genre de cette assemblée ultra-royaliste qu'il avait lui-même appelée Chambre introuvable (septembre 1816).

Il nous faut de l'audace, encore de l'audace, toujours de l'audace, et la France est sauvée !

Georges Danton. Paris, 2 septembre 1792.

Depuis le début de l'année 1792, l'effervescence gagne de nouveau les esprits. On montre alors du doigt les princes allemands qui soutiennent les émigrés accusés de se déchaîner outre-Rhin contre la Révolution. Les regards se tournent vers l'empereur Léopold II. Le propre frère de Marie-Antoinette devient ainsi le principal responsable de tous les maux du peuple de France.

Un vif débat s'engage aussitôt. Les partisans du conflit veulent revitaliser une ardeur révolutionnaire qu'ils jugent émoussée. A leurs yeux, pour souder la nation, rien de tel qu'un ennemi extérieur qui, de surcroît, protège des traîtres réfugiés sur ses terres ! Ces va-t-en-guerre reçoivent l'appui inattendu de la reine. Quelle que soit l'issue du conflit, Marie-Antoinette se voit empocher la mise. Elle pense qu'une victoire de l'armée française viendrait redorer le blason de son mari ; tandis qu'une défaite les aiderait à rétablir l'autorité de la monarchie.

La mort du conciliant Léopold précipite un peu les événements. Car on prête à son fils François II des intentions belliqueuses. Le 20 avril 1792, Louis XVI propose donc à l'Assemblée législative de déclarer la guerre « au roi de Bohême et de Hongrie », c'est-à-dire à l'Autriche (à cette date, François II n'a pas officiellement reçu la couronne impériale).

Désorganisée et indisciplinée, l'armée française cède sur sa frontière nord face aux troupes autrichiennes qui reçoivent le soutien naturel de la Prusse (3 juillet). Dès lors, tout se précipite : l'Assemblée proclame la patrie en danger ; face au péril austro-prussien, quinze mille volontaires s'enrôlent dans les rangs de l'armée ; les fédérés des provinces « montent » sur la capitale (notamment les Marseillais et les Bretons) ; la Commune insurrectionnelle remplace le Conseil général de la municipalité...

Le point d'orgue survient le 10 août avec la prise des Tuileries. Sous la pression de la Commune qui a manifestement pris l'ascendant sur l'Assemblée législative, le roi est suspendu. En attendant, un Conseil exécutif provisoire (composé de six ministres) se met en place. Avec Danton à la Justice et Roland à l'Intérieur. Quant à Louis XVI et sa famille, ils sont incarcérés dans une vieille tour du Temple.

Sur le front de l'offensive, rien de bien réjouissant. Le 19 août, les Prussiens entrent en Lorraine, tandis que les Autrichiens arrivent par le nord. A la tête de ses troupes, Brunswick (commandant en chef des armées ennemies) obtient sans difficulté la capitulation de Longwy, puis met le siège devant Verdun.

A Paris, l'agitation et la panique atteignent leur paroxysme. Roland songe même à transférer le Conseil exécutif provisoire sur la Loire, tandis qu'il apprend la chute de Verdun. Et chacun imagine déjà les armées austro-prussiennes déferler sur Paris.

Dans ce foisonnement d'événements, il convient de percevoir les enjeux politiques et diplomatiques de chaque instant, sans négliger les drames qui se tissent dans la capitale (un millier de morts dans la seule prise des

Tuileries) aussi bien que sur les champs de bataille. Et pourtant, Danton va trouver les ressources oratoires pour galvaniser une fois encore les patriotes.

Le 2 septembre 1792, dans un discours à l'Assemblée, le tribun de la Révolution martèle avec conviction : « Tout s'émeut, tout s'ébranle, tout brûle de combattre... Le tocsin qu'on va sonner n'est point un signal d'alarme, c'est la charge sur les ennemis de la patrie. Pour les vaincre, messieurs, il nous faut de l'audace, encore de l'audace, toujours de l'audace, et la France est sauvée ! »

Certes, dès le 20 septembre, à Valmy, Dumouriez et Kellermann remportent une victoire décisive contre les Prussiens. Pour l'immédiat, elle met fin aux espoirs de restauration de l'Ancien Régime et conforte les idéaux de la Révolution.

Malheureusement, l'audace ne se limite point au conflit contre les troupes de Brunswick. En effet, sous la pression des extrémistes de la Commune — et dans une ambiance où des hommes comme Marat entretiennent la hantise du « complot de l'intérieur » (à ses yeux aussi dangereux que l'ennemi étranger) —, d'horribles massacres se produisent dans toutes les prisons de la capitale. Et si Danton (ministre de la Justice) n'en prend pas l'initiative, il ne tente rien pour arrêter ce carnage que ses ennemis lui reprocheront plus tard. Parmi les principales victimes : aristocrates, prêtres réfractaires et prisonniers de droit commun. Pendant quatre jours, ces tueries feront près de mille quatre cents victimes. Roland (ministre de l'Intérieur) se contente de dire qu'il faut « jeter un voile sur toutes ces horreurs ».

Il n'y a pas d'affaire Dreyfus.

Jules Méline. Paris, 4 décembre 1897.

Les passions agitent la France entière. Le nouveau chef du contre-espionnage (Georges Picquart) demande la révision du procès qui a envoyé aux travaux forcés à perpétuité le capitaine Alfred Dreyfus. Dans la coulisse, manœuvres et confusion amplifient le malaise. Pourtant, devant le Parlement, le ministre de la Guerre réaffirme la culpabilité du condamné. Quant au président du Conseil, Jules Méline, il lance devant les députés : « Il n'y a pas d'affaire Dreyfus. » A peine un mois plus tard, le 11 janvier 1898, l'acquittement du commandant Esterhazy met le feu aux poudres. Et l'affaire Dreyfus prend une nouvelle dimension !

Voir : « *J'accuse !* »

Il n'y a que le premier pas qui coûte.

Mme du Deffand. Paris, vers 1750.

L'esprit de la marquise du Deffand (née Marie de Vichy-Chamrond) faisait merveille dans les salons littéraires parisiens. Et notamment dans le sien. Dès 1750, s'y retrouvent volontiers d'Alembert, Marivaux, Fontenelle, Montesquieu et nombre d'artistes peintres, écrivains ou hommes d'Eglise.

Un jour, dans ce lieu très prisé, la conversation se porte sur saint Denis, évangélisateur et premier évêque de Paris, vers 250. La tradition veut que ce martyr de la foi chrétienne ait lui-même ramassé sa tête décapitée avant de se diriger vers sa sépulture (à l'emplacement où s'élèvera, dès la fin du Ve, une église abbatiale qui va devenir la basilique Saint-Denis, près de Paris).

Sur un tel sujet, qui lui convient évidemment à merveille, un ecclésiastique de haut rang, habitué du salon, monopolise la parole. Il s'extasie au point de disserter lourdement sur la longueur du chemin à parcourir entre Montmartre et le lieu du tombeau ! Alors, la marquise du Deffand coupe court à toute nouvelle surenchère d'enthousiasme en lâchant d'une voix douce : « Il n'y a que le premier pas qui coûte. »

L'histoire ne dit pas si cette remarque spirituelle, fort impertinente pour l'époque et de surcroît prononcée en présence (voire à l'encontre) d'un membre du clergé, déclencha l'hilarité générale.

J

J'accepte d'un cœur léger la responsabilité de la guerre.

Emile Ollivier. Saint-Cloud, 15 juillet 1870.

Affaibli par la maladie, Napoléon III ne dispose plus de la lucidité suffisante pour analyser une situation complexe. Son épouse, l'impératrice Eugénie, pèse chaque jour davantage sur les décisions politiques. Quant à ses principaux ministres (le duc de Gramont aux Affaires étrangères et le maréchal Lebœuf à la Guerre), ils le poussent à entrer au plus vite en conflit avec la Prusse.

Avocat, Emile Ollivier fait partie des cinq députés républicains élus au Corps législatif dès 1857. A partir de 1860, séduit par les ambitions libérales de l'Empereur, il se rapproche de Napoléon III. Pour finalement accepter de former un « cabinet des bonnes volontés » en janvier 1870.

Emile Ollivier, lâché par ses amis républicains, semble

perdre pied. Pourtant hostile à la guerre franco-prussienne, il n'ose pas prendre position. De toutes les façons, sa voix manque de volume dans le concert enthousiaste des belliqueux. Devant les maladresses répétées d'un empereur souffrant et face à la pression grandissante des va-t-en-guerre, Emile Ollivier finit même par déclarer, à la tribune du Corps législatif : « J'accepte d'un cœur léger la responsabilité de la guerre. » Ce terrible conflit se terminera par le désastre de Sedan et par la capitulation (2 septembre 1870).

Si Emile Ollivier ne fit pas preuve de clairvoyance, il ne fut pas le seul ! Voir : « *Nous sommes prêts ; il ne manque pas un seul bouton de guêtre.* »

J'accuse !

Emile Zola. Dans *L'Aurore*, 13 janvier 1898.

Soupçonné de trahison, le capitaine Alfred Dreyfus, d'origine juive, est arrêté le 15 octobre 1894. On l'accuse d'espionnage au profit de l'Allemagne. Traduit devant le conseil de guerre, l'officier clame son innocence. Mais manœuvres et confusion tournent à une véritable machination dans laquelle l'antisémitisme tient un rôle majeur. Reconnu coupable, Dreyfus est condamné aux travaux forcés à perpétuité et dégradé le 5 janvier 1895 dans la cour des Invalides. On l'envoie purger sa peine au bagne de l'île du Diable (Guyane).

L'affaire semble oubliée lorsque le nouveau chef du contre-espionnage (Georges Picquart) exige la révision du procès. Il a la conviction d'avoir démasqué le vrai coupable : le commandant Esterhazy. Cependant, le conseil de guerre acquitte ce dernier le 11 janvier 1898.

Scandalisé par ce jugement et convaincu de l'innocence du capitaine Dreyfus, Emile Zola décide d'écrire une lettre ouverte au président de la République, Félix Faure (1841-1899). Deux jours plus tard, le célèbre « J'accuse ! » barre la une de *L'Aurore*, récemment fondé par Vaughan, un ancien communard. Le journal accueille régulièrement la signature de Georges Clemenceau et d'Octave Mirbeau.

Alors la France s'enflamme et se divise. D'un côté, les dreyfusards : socialistes, radicaux et intellectuels réunis dans la Ligue des droits de l'homme derrière Jaurès, Clemenceau et Péguy. De l'autre, les antidreyfusards : droite nationaliste antisémite et cléricale regroupée dans la Ligue de la patrie française. *Le Siècle* et *L'Aurore* se mobilisent. Mais les amis de Barrès, Déroulède et Maurras disposent d'une presse autrement plus puissante au service de leur cause. Outre une farouche opposition à la révision du procès, les antidreyfusards organisent de populaires manifestations de patriotisme. Et ils vont jusqu'à réclamer — et obtenir — le jugement du romancier. Emile Zola est condamné le 23 février 1898 à trois mille francs d'amende et à un an de prison. Il doit alors se réfugier en Angleterre.

En août 1898, le mystérieux suicide, au lendemain de son arrestation, du colonel Henry (auteur de faux ajoutés dans le dossier du procès) ranime une violente hostilité entre les deux camps. De nouveau, les passions se déchaînent. Finalement, la révision du procès se déroule à Rennes en août 1899. Reconnu une nouvelle fois coupable, mais avec « circonstances atténuantes », le conseil de guerre condamne Alfred Dreyfus à dix ans de réclusion. Quelques jours plus tard, le président de la République fraîchement élu, Emile Loubet (1838-1929), gracie le capitaine Dreyfus.

Le jugement de Rennes ne sera cassé qu'en 1906. Alfred Dreyfus réintégrera l'armée avec le grade de commandant. En 1930, la publication des carnets du major Schwartzkoppen, ancien attaché militaire allemand à Paris, apportera la preuve définitive de l'innocence de Dreyfus. Et la culpabilité (au moins partielle) d'Esterhazy.

Ce célèbre « J'accuse ! » aura su réveiller les consciences. Cette affaire marquera l'incontestable montée en puissance du pouvoir de la presse. Pour l'anecdote, soulignons qu'Emile Zola avait intitulé son article : « Lettre au président de la République. » Faisant preuve d'un sens journalistique aiguisé, Georges Clemenceau le transforma en « J'accuse ! ». Probablement l'un des premiers exemples de titre efficace et accrocheur dans l'histoire de la presse.

J'ai failli attendre.

Attribué à Louis XIV en 1680.

La rumeur veut que le Roi-Soleil fut un jour de fort méchante humeur parce que son carrosse n'arrivait pas avec une précision horlogère à l'instant prévu. Pour marquer son impatience, Louis XIV aurait alors maugréé : « J'ai failli attendre. »

Certes, la formule sonne juste dans l'absolutisme outrancier qui caractérise son régime vers 1680. Mais elle peut tout aussi bien ressembler à l'anecdote revancharde d'un courtisan agacé par la grandiloquence, voire le ridicule, de l'étiquette. D'ailleurs, dans son *Journal de la cour de Louis XIV*, le mémorialiste Dangeau (1638-1720) n'insiste jamais sur l'impatience royale. En réalité, la formule visait peut-être à dénigrer le poids considérable qu'imposait le protocole à la noblesse de cour que Louis le Grand s'amusait à humilier. Comme pour sanctionner la Fronde des princes (1648-1653) qu'il ne digéra jamais.

Je connais l'empire des mots.

François Guizot. Paris, 26 février 1844.

Ministre des Affaires étrangères de Louis-Philippe entre 1840 et 1847, François Guizot dirige de fait le pays. Sans encore avoir rang de chef du gouvernement. Conservateur ultralibéral, Guizot rallie d'abord la Restauration de Louis XVIII. Mais il s'oppose à la politique de son successeur, Charles X. Et notamment à ses impopulaires ordonnances de juillet 1830 qui déclenchent les Trois Glorieuses (27, 28, 29 juillet) et portent finalement au pouvoir le fils de Philippe Egalité.

Favorable à la montée en puissance de la grande bourgeoisie, François Guizot inspire une politique économique au service de la Bourse et des milieux d'affaires. Une telle attitude vise à promouvoir l'accumulation de richesses. Ainsi, accumuler une coquette fortune permet de supplanter l'absence d'une particule patronymique.

François Guizot doit donc affronter l'hostilité de deux camps bien distincts pour mener à bien sa politique. D'une part, celui des monarchistes légitimistes retranchés dans un dédaigneux isolement (n'oublions pas que le souverain, désormais roi des Français et non plus roi de France, a été intronisé par un vote des députés et que son père avait voté la mort de Louis XVI). D'autre part, celui des républicains et bonapartistes qui, eux, ne manquent jamais une occasion de s'acharner sur cet austère huguenot qui s'enferme dans des certitudes qui le conduiront à l'échec.

A la Chambre, l'usage veut déjà que l'on fasse feu de tout bois. Et tandis qu'un député lui reproche vertement d'avoir accompagné Louis XVIII à Gand pendant les Cent-Jours, Guizot réplique : « Je connais l'empire des mots, l'empire des préventions, l'empire des passions populaires et aveugles. Mais j'ai confiance dans la vérité... Quant aux injures et aux calomnies, on peut les multiplier, les entasser tant qu'on voudra, on ne les élèvera jamais au-dessus de mon dédain. »

La fin de ce propos équivaut à la locution proverbiale bien connue : « La bave du crapaud n'atteint pas la blanche colombe. »

Je fais à la France le don de ma personne.

Philippe Pétain. Bordeaux, 17 juin 1940.

C'est la débâcle ! Repliés sur Dunkerque, les alliés britanniques ont évacué le territoire français au début du mois de juin 1940. Quant au gouvernement de Paul Reynaud, il gagne d'abord la Touraine avant de s'installer à Bordeaux. A Paris, dès le 14 juin, les troupes allemandes en tenue de combat défilent sur l'avenue Foch et traversent la place de la Concorde avant de se diriger vers le sud.

Le gouvernement se divise sur l'attitude à tenir : armistice ou capitulation ? Aux yeux du président du Conseil, la seconde solution permet de respecter le pacte signé trois mois plus tôt avec l'Angleterre et stipulant qu'aucun des deux pays ne chercherait à conclure une paix séparée. Quant à Charles de Gaulle, tout nouveau sous-secrétaire d'Etat à la Défense nationale, il n'accepte pas la défaite et songe déjà à s'envoler pour Londres.

Paul Reynaud ne peut donc plus que démissionner (16 juin). Pour lui succéder, le président de la République, Albert Lebrun (1871-1950), appelle alors Philippe Pétain. Dès le lendemain, le vieux maréchal (quatre-vingt-quatre ans) prononce une allocution radiodiffusée où figure cette formule célèbre : « C'est le cœur serré que je vous dis aujourd'hui qu'il faut cesser le combat. »

Mais le vainqueur de Verdun explique également : « Sûr de l'affection de notre admirable armée qui lutte, avec un héroïsme digne de ses longues traditions militaires, contre un ennemi supérieur en nombre et en armes ; sûr que par sa magnifique résistance elle a rempli nos devoirs vis-à-vis de nos alliés ; sûr de l'esprit des anciens combattants que j'ai eu la fierté de commander ; sûr de la confiance du peuple tout entier, je fais à la France le don de ma personne pour atténuer son malheur. »

L'armistice sera signé le 22 juin 1940, à Rethondes (près de Compiègne). Au même endroit et dans le même wagon-salon que celui du 11 novembre 1918. Hitler tenait sa revanche.

Je m'en vais, mais l'Etat demeurera toujours.

Louis XIV. Versailles, août 1715.

Calme et digne. A l'approche de la mort, l'attitude du Roi-Soleil ne manque pas d'impressionner son entourage immédiat. D'ailleurs, dans les jours qui précèdent la fin de Louis le Grand (1er septembre 1715), proches et témoins ont rapporté de nombreux mots. Ils illustrent toujours la sereine lucidité de Louis XIV. Et ils s'opposent souvent à l'absolutisme forcené qui marqua le Grand Siècle.

Ainsi, moins d'une semaine avant son décès, le souverain dit à ses principaux officiers et courtisans : « Je m'en vais, mais l'Etat demeurera toujours. » Pourtant, à l'âge de dix-huit ans, il avait fait irruption au Parlement en affirmant : « L'Etat, c'est moi ! » La synthèse de ces formules — prononcées aux deux extrémités de sa longue monarchie — pourrait signifier que Louis XIV se considérait comme le premier serviteur de l'Etat, mais qu'il ne prétendait pas l'incarner.

Je n'ai à vous offrir que du sang, du travail, des larmes et de la sueur.

Winston Churchill. 13 mai 1940.

Depuis 1937, le Premier ministre britannique, Neville Chamberlain (1869-1940), tente d'imposer une politique d'apaisement face aux ambitions de Hitler. Conscient de son erreur, il se résout un peu tard à préparer la guerre. Mais il a perdu la confiance de l'opinion, d'autant que l'expédition de Norvège, censée couper la route du fer suédois vers l'Allemagne, se solde par un fiasco à Lillehammer (22 avril 1940).

L'offensive allemande se développe en Belgique et en Hollande dès le 10 mai 1940. Ce même jour, en Angleterre, le roi George VI appelle Winston Churchill pour succéder à Chamberlain. Le nouveau Premier ministre compose un gouvernement de coalition (conservateurs, libéraux et travaillistes).

Trois jours plus tard, dans un remarquable discours prononcé devant la Chambre des communes, Churchill déclare : « Je n'ai à vous offrir que du sang, du travail, des larmes et de la sueur » (*I have nothing to offer but blood, toil, tears and sweat*). Quelques jours plus tard, tout s'enchaîne : percée allemande à Sedan, capitulation de la Belgique et de la Hollande, les troupes britanniques évacuent Dunkerque et Paris.

L'armée allemande s'installe en France, mais Hitler veut débarquer en Grande-Bretagne. Aussi va-t-il lancer, dès le mois d'août, une terrible offensive aérienne qui vise bases militaires, ports et aérodromes. Début septembre, le Führer promet de « raser les villes anglaises ». Commence la terrible et décisive bataille d'Angleterre rythmée par un flot continu de bombardements qui touchent la capitale britannique le 7 septembre. Finalement, la résistance héroïque de la Royal Air Force contient les assauts allemands et oblige Hitler à oublier ses projets d'invasion de la grande île.

Winston Churchill avait donc vu juste : le sang, le travail, les larmes et la sueur furent bel et bien au rendez-vous. Début septembre, Churchill confirme d'ailleurs son inébranlable détermination : « Je préfère voir Londres en ruine, plutôt que souillée par une ignoble servitude. »

Je préfère une armée de moutons commandée par un lion, plutôt qu'une armée de lions commandée par un âne.

Ferdinand Foch. Années 1920.

A l'évidence, le maréchal Foch connaissait la stratégie militaire. Sorti de l'Ecole polytechnique en 1873, général en 1907, il publie notamment *Principes de la guerre* (1903) et *Conduite de la guerre* (1904). Ses qualités de tacticien s'expriment pleinement pendant la Première Guerre mondiale.

Après la victoire de la Marne (septembre 1914), Foch coordonne brillamment l'action des forces belges et franco-britanniques en Artois et en Flandre. Opération qui permet de juguler la « course à la mer » de l'armée ennemie (1915).

Trois ans plus tard, l'offensive allemande en Picardie (printemps 1918) impose une nécessaire coordination des forces présentes sur le terrain. D'autant plus que des divisions américaines viennent renforcer le dispositif. Les conférences de Doullens (26 mars 1918) et de Beauvais (3 avril) investissent le général Foch du titre de commandant en chef des armées alliées (17 avril). Foch colmate les brèches en Flandre, Picardie et Champagne, puis réduit la poche de Château-Thierry. Enfin, il lance la grande offensive (dite « méthode des tiroirs ») du 8 août 1918.

Un bâton de maréchal récompense ce succès décisif,

prélude à l'armistice du 11 novembre 1918, signé en forêt de Compiègne, au carrefour de Rethondes, dans le wagon qui avait servi de poste de commandement aux opérations.

Foch deviendra maréchal de Grande-Bretagne, mais aussi de Pologne. Et académicien français le jour même de la signature de l'armistice. Dans les années 1920, Foch lâche cette formule pleine de bon sens, fruit de ses longues années d'expérience au combat : « Je préfère une armée de moutons commandée par un lion, plutôt qu'une armée de lions commandée par un âne. » Certes, il se voyait sans doute dans le rôle du lion, mais Foch ne fit jamais aucune allusion à ceux qu'il avait connus dans la peau de l'âne !

A l'inverse de nombreux autres illustres et habiles militaires de la Première Guerre mondiale, jamais le maréchal Foch ne sera tenté par la carrière politique. Il se consacrera à rédiger des *Mémoires de guerre*, publiés entre 1929 et 1931.

Je préférerais être le premier dans ce village plutôt que le second dans Rome.

Jules César. Vers 61 av. J.-C.

Dans son livre intitulé *Vie de César*, Plutarque (49-125) raconte un épisode apparemment banal : le général romain traverse les Alpes. Mais, tandis qu'il arrive dans un minuscule village, ses compagnons de route ironisent sur d'improbables rivalités et jalousies entre citoyens ou notables de cette misérable cité. César aurait alors interrompu leurs sarcasmes : « Je préférerais être le premier dans ce village plutôt que le second dans Rome. »

Le très prolifique moraliste et biographe grec insiste donc sur l'ambition naissante de César. Et il le pose en leader politique dès cette période (vers 61 av. J.-C.). Sous la plume de Plutarque, cette citation voulait bel et bien présenter un général conquérant qui veut déjà « être le premier ».

A l'inverse, cette phrase prend parfois un sens péjoratif. D'aucuns l'utilisent pour croquer un individu qui manquerait d'objectifs ambitieux au point de se contenter d'un modeste village !

Je souhaite la victoire allemande, parce que, sans elle, le bolchevisme, demain, s'installerait partout.

Pierre Laval. 22 juin 1942.

Vice-président du Conseil du gouvernement de Vichy, Pierre Laval engage résolument la France dans une politique de collaboration. Il a d'ailleurs préparé l'entrevue de Montoire entre Pétain et Hitler (24 octobre 1940). Mais, rapidement, le vieux maréchal l'écarte au profit de l'amiral Darlan (février 1941).

Cependant, les Allemands obtiennent son retour en fonction dès avril 1942. Alors chef du gouvernement, Laval cumule les ministères de l'Information, de l'Intérieur et des Affaires étrangères. Le monde s'embrase. Mais Laval pense que la France de l'armistice peut encore jouer un rôle.

Le 22 juin 1942, dans une allocution radiodiffusée, Laval déclare : « Je souhaite la victoire allemande, parce que, sans elle, le bolchevisme, demain, s'installerait partout. » En outre, dans ce même discours, Laval institue la Relève, c'est-à-dire l'échange de prisonniers de guerre français contre des travailleurs volontaires : « Ouvriers de France ! C'est pour la libération des prisonniers que vous allez travailler en Allemagne. (...) C'est pour permettre à la France de trouver sa place dans la nouvelle Europe que vous répondrez à mon appel. » Incitation qui ne sera d'ailleurs pas entendue et qui débouchera sur la création du terrible STO (Service du travail obligatoire).

A l'origine, Laval avait écrit : « Je crois à la victoire de l'Allemagne et je la souhaite, parce que, etc. » Son entourage l'incite alors à en parler à Pétain. Une fois le message lu, le vainqueur de Verdun s'indigne : « Vous n'avez pas le droit de dire : *Je crois à la victoire de l'Allemagne !* Vous n'êtes pas militaire. Donc, vous ne pouvez pas faire de pronostic sur l'issue du conflit. Vous n'en savez rien ! » Laval doit se contenter du non moins déshonorant : « Je souhaite la victoire allemande. »

Quoi qu'il en soit, ce discours provoque un immense scandale. Laval rétorque : « Je l'ai prononcé exprès parce qu'il me garantit pour longtemps contre la méfiance des Allemands. »

Je suis innocent du sang de ce juste !

Ponce Pilate. Jérusalem, avril 29 ou 30.

Gouverneur de Judée entre les années 26 et 36, Ponce Pilate multiplie les maladresses (à moins qu'il ne s'agisse de provocations) à l'encontre de la population. Car si les Romains laissent les Juifs pratiquer leur religion, ils occupent la Palestine depuis une centaine d'années et exercent avec rigueur le pouvoir politique dans la région.

Vers l'année 29 ou 30, Ponce Pilate doit juger une affaire exceptionnelle : le procès de Jésus-Christ. Dans le Nouveau Testament, les quatre évangélistes (Marc, Matthieu, Luc et Jean) décrivent par le détail les différentes scènes de la Passion du Christ.

Trahi par Judas, arrêté puis mené chez le grand prêtre qui le questionne sur l'enseignement qu'il dispense, Jésus est ensuite conduit devant Ponce Pilate. A l'issue d'un nouvel interrogatoire, le gouverneur romain ne voit aucune raison objective de condamner Jésus. Mais les chefs religieux exigent sa mise à mort : « Nous avons une loi, et suivant la loi il doit mourir, parce qu'il s'est prétendu fils de Dieu » (Jean XIX, 7-8).

Nous sommes alors à la veille de la Pâque juive. Et la tradition voulait que Ponce Pilate relâche un prisonnier à l'occasion des fêtes pascales. Il leur propose alors d'amnistier Jésus. Mais la foule refuse, préférant que le gouverneur romain gracie Barabbas, un authentique assassin. Ponce Pilate leur livre alors Jésus-Christ qui sera crucifié sur le mont Golgotha (probablement en avril 30, mais certains historiens situent plutôt ce moment en l'an 29, tandis que d'autres avancent l'an 33).

Seul l'un des quatre évangélistes (Matthieu) précise que Ponce Pilate demande aussitôt de l'eau. Il se lave alors les mains devant une foule déchaînée et dit : « Je suis innocent du sang de ce juste ! C'est votre affaire. »

Voir : *« Voici l'homme ! »*

Je vous ai compris !

Charles de Gaulle. Alger, 4 juin 1958.

Confusion à Paris, échauffourées à Alger. Une inquiétante effervescence gagne chaque jour du terrain en ce mois de mai 1958. Moribonde, la IVe République continue pourtant de s'enliser dans de bien dérisoires querelles. Renversé le 15 avril, Félix Gaillard assure toujours la présidence du Conseil. Par intérim ! Autant dire que l'autorité de l'Etat ne donne pas vraiment sa pleine mesure.

C'est dans ce contexte qu'éclatent à Alger les émeutes du 13 mai. Les Français d'Algérie prennent d'assaut le siège du Gouvernement général. A Paris, le même jour, les habituels jeux du régime des partis portent Pierre Pflimlin à la présidence du Conseil. Mais la fièvre s'empare de l'Assemblée nationale. « Le fascisme ne passera pas ! » crie la gauche. « Algérie française ! » scande la droite.

A Alger, du balcon du Gouvernement général, le général Massu s'adresse aux pieds-noirs et « supplie Charles de Gaulle de former un gouvernement de salut public qui, seul, peut sauver l'Algérie de l'abandon ». Le 15 mai, au même endroit, le général Salan lance un vibrant : « Vive de Gaulle ! » Aussitôt, ce dernier déclare : « Je me tiens prêt à assumer les pouvoirs de la République. » Quelques jours auparavant, de Gaulle avait avoué à des proches : « Le pouvoir n'est pas à prendre, mais à ramasser. »

Tout va alors très vite. Le cabinet Pflimlin démissionne le 27 mai. Le 29, le président de la République, René Coty, demande à l'Assemblée d'investir Charles de Gaulle à la présidence du Conseil. Celui-ci reçoit les pleins pouvoirs le 1er juin. Dès le 4 juin, il se rend à Alger. Le soir même, à 19 heures, au balcon du siège du Gouvernement général, bras en V tendus vers le ciel, de Gaulle prononce une de ces phrases ambiguës, dont il avait le secret, devant cinq cent mille personnes massées sur le forum : « Je vous ai compris ! »

L'enthousiasme populaire atteint son paroxysme. Il ajoute : « Je sais ce qui s'est passé ici, je vois ce que vous avez voulu faire, je vois que la route que vous avez ouverte en Algérie est celle de la rénovation et de la fraternité. » Mais, dans ce discours, jamais de Gaulle n'utilise les expressions « Algérie française » et « intégration ». En revanche, il se laisse aller à un certain lyrisme : « Jamais plus qu'ici, et jamais plus que ce soir, je n'ai compris combien c'est beau, combien c'est grand, combien c'est généreux, la France. »

Curieux choc des mots et des situations ! On retrouve en effet l'envolée « C'est beau, c'est grand, c'est généreux » dans une pièce d'Eugène Labiche, *Permettez, madame* (scène X). Pourtant, le théâtre des opérations n'avait rien d'un vaudeville !

Trois jours plus tard, dans la ville portuaire de Mostaganem, à l'est d'Oran, Charles de Gaule semble vouloir rassurer les partisans de l'intégration qui le soutiennent. A l'issue d'un discours flamboyant dans lequel il considère, notamment, que l'Algérie n'a « qu'une seule espèce d'enfants », le général lance en forme de slogan : « Vive Mostaganem ! Vive l'Algérie française ! Vive la République ! Vive la France ! »

La suite n'appartient plus seulement à l'histoire des petites phrases. Lors du référendum du 28 septembre 1958, les Français approuvent massivement (79,25 %) la constitution de la Vᵉ République. Elle conduit à l'Elysée le général de Gaulle, élu par un collège de notables à la présidence de la République le 21 décembre 1958.

Le 16 septembre 1959, de Gaulle s'adresse à l'opinion publique : « On peut envisager le jour où les hommes et les femmes d'Algérie décideront de leur sort en connaissance de cause (...). Je considère nécessaire que ce recours à l'autodétermination soit aujourd'hui proclamé. » En 1961, le 8 janvier, un nouveau référendum donne au général un oui massif (75,26 %). Il a les coudées franches pour mener à bien sa politique.

Mais ceux que de Gaulle va qualifier de « quarteron de généraux à la retraite » ne l'entend pas de cette oreille. Challe, Jouhaud, Salan et Zeller tentent un putsch, le 22 avril, pour « garder l'Algérie ». Le 24, l'angoisse envahit Paris. On redoute l'arrivée des parachutistes. Mais, le soir du 25, Challe prend la décision de se rendre. Le 31 mai, avec Zeller, il écope de quinze ans de prison.

Pour sa part, le général Salan continue son combat. Il n'a toujours pas digéré le « Je vous ai compris » du 4 juin

1958. Et celui qui avait crié « Vive de Gaulle » au balcon du Gouvernement général devient le chef de l'Organisation armée secrète (OAS) qui va, par tous les moyens, y compris terroristes, s'opposer à la politique algérienne de Charles de Gaulle.

Marquant la fin des hostilités, les accords d'Evian sont signés le 19 mars 1962 et largement entérinés (90 %) par un nouveau référendum (8 avril). Jouhaud sera arrêté le 25 mars à Oran et Salan le 20 avril à Alger.

Une phrase aussi banale que ce célèbre « Je vous ai compris » aura bel et bien marqué un pan entier de l'histoire de France de la seconde moitié du XXe siècle.

Le journalisme mène à tout, à condition d'en sortir.

Alphonse Karr.

D'abord professeur, Alphonse Karr se dirige ensuite vers le journalisme. En 1839, il devient directeur du *Figaro*, feuille virulente fondée en 1825 dans laquelle l'humour et le pamphlet se côtoient. Le journal s'en prend notamment au prince de Polignac (1780-1847), ministre des Affaires étrangères puis président du Conseil (1829) de Charles X. Ses mesures impopulaires vont d'ailleurs contribuer à l'insurrection de juillet 1830 et à l'abdication du souverain.

Maurice Alhoy, fondateur de cette première formule

du *Figaro*, croule rapidement sous d'innombrables procès qui finissent par le ruiner. Jean Hippolyte Cartier de Villemessant (1812-1879) lancera une nouvelle formule du *Figaro* le 2 avril 1854. Dans un premier temps, l'hebdomadaire conservera le ton mordant de son prédécesseur (Villemessant transformera le journal en quotidien à partir de 1866).

Journaliste à la plume vive et enjouée, Alphonse Karr s'en donnait donc à cœur joie dans les colonnes de ce premier *Figaro*. Mais, dès le coup d'Etat du 2 décembre 1851, il s'installe à Nice (à l'époque italienne) : d'une part pour fuir le régime impérial de Napoléon III ; d'autre part pour se convertir à l'horticulture. En exerçant avec bonheur sa nouvelle activité dans le secteur de la violette et de l'œillet, Alphonse Karr applique au pied de la lettre une célèbre formule dont beaucoup lui attribuent la paternité : « Le journalisme mène à tout, à condition d'en sortir. »

Mais il convient également de rendre justice à Abel Villemain (1790-1870). Professeur de littérature à la Sorbonne (1816-1830), il a affirmé de son côté : « Les lettres conduisent à tout à condition de les abandonner. » Lui aussi expérimentera son aphorisme en devenant député (1830), puis ministre de l'Instruction publique (1840-1844). D'ailleurs, Alphonse Karr a toujours sportivement précisé qu'il avait calqué son adage sur celui de Villemain.

J'y suis, j'y reste !

Edme de Mac-Mahon. Sébastopol, 8 septembre 1855.

La guerre de Crimée fait rage. Depuis 1854, elle oppose les Russes à une coalition franco-anglaise. A l'origine du conflit, la suprématie en Orient qui attise querelles et convoitises. De son côté, la reine Victoria ne peut accepter que les Russes détiennent des positions maritimes stratégiques dans la mer Noire. Quant à Napoléon III, il partage cette vision géopolitique, mais veut aussi imposer ses vues au tsar Nicolas Ier à propos des Lieux saints. Napoléon III souhaite que la France continue d'y exercer sa tradition protectrice. Et lorsque les Russes envahissent les provinces danubiennes de la Turquie, puis prennent le contrôle de la mer Noire, les forces franco-anglaises décident de réagir.

La victoire de l'Alma (remportée le 20 septembre 1854 par le maréchal Saint-Arnaud) débouche sur le siège de Sébastopol. Il va pratiquement durer un an et s'achèvera le 8 septembre 1855 par l'assaut victorieux de la tour Malakoff, clé de la défense russe. Menée avec bravoure par les zouaves de la division du général Mac-Mahon, la chute de ce bastion va entraîner la prise de Sébastopol.

Quelques heures seulement après son héroïque offensive sur la tour Malakoff, les supérieurs de Mac-Mahon lui intiment l'ordre d'évacuer rapidement l'endroit. Chacun craint, parmi les alliés, que les Russes n'aient miné la forteresse avant de fuir. Mais Mac-Mahon refuse obstinément d'obéir et déclare : « J'y suis, j'y reste ! »

La victoire de Sébastopol mènera à la fin de la guerre de Crimée (29 septembre), puis à la signature d'un traité de paix (30 mars 1856). Elle va largement contribuer à asseoir la notoriété naissante du général Mac-Mahon. Et elle pèsera son poids, quatre ans plus tard, après la bataille de Magenta (campagne d'Italie, juin 1859), lorsqu'il obtiendra son bâton de maréchal.

Mais le futur président de la République restera aussi dans l'histoire grâce à son indéniable et incomparable talent de « fabricant » de mots historiques !

L

L'ai-je bien descendu ?

Cécile Sorel.

Pensionnaire de la Comédie-Française entre 1903 et 1933, Cécile Sorel engage une nouvelle carrière au music-hall à l'âge de soixante ans. Lors de la première d'un spectacle au Casino de Paris, tandis que les acclamations redoublent, Cécile Sorel attend un fragile moment de silence pour distiller cette phrase célèbre : « L'ai-je bien descendu ? »

On comprend son angoisse ! Cécile Sorel vient de descendre un escalier géant dont chaque marche est plus courte que la longueur du pied. Coiffée d'un casque de guerrier orné de plumes, l'actrice porte une immense traîne de velours et un costume d'or d'une quinzaine de kilos.

Labourage et pâturage sont les deux mamelles de la France.

Sully. 1638.

Echapper au massacre de la Saint-Barthélemy (nuit du 23 au 24 août 1572) crée forcément des liens indéfectibles. Le huguenot Henri de Navarre (futur Henri IV) épouse Marguerite de Valois (la « reine Margot », sœur du roi Charles IX) une semaine avant les événements qui vont ensanglanter Paris. Il faut alors l'insistance du souverain, son beau-frère, pour qu'Henri soit biffé de la liste des condamnés à mort. A condition qu'il abjure sa religion protestante. Ce qu'accepte le jeune homme (il n'a pas encore vingt ans) qui préfère manifestement la messe à la mort ! Voir : *« Paris vaut bien une messe. »*

Quant à Maximilien de Béthune, baron de Rosny, il sauve sa vie en ayant la présence d'esprit de traverser la capitale. Vêtu de sa robe d'écolier, un livre sous le bras, il se réfugie au collège de Bourgogne. Le principal de cet établissement où il étudie le cache pendant trois jours. Maximilien sera présenté à Henri. Les deux hommes ne se quitteront plus. Malgré ces brouilles passagères qui, en réalité, fortifient toujours une amitié durable.

Henri de Navarre prend Maximilien à ses côtés. Au Louvre et à Vincennes, ils scrutent la vie subtile et « florentine » de la cour. Jusqu'à ce jour de février 1576 où Henri s'enfuit à l'occasion d'une chasse en forêt de Senlis. Le roi de Navarre renonce immédiatement au catholicisme et reprend la tête des réformés. Maximilien l'a suivi.

Le baron de Rosny combat d'abord dans les armées protestantes, puis contre les catholiques fanatiques de la Ligue (aux côtés du roi français Henri III et d'Henri de Navarre, réconciliés en 1589). Et lorsque le roi de Navarre accède au trône de France, le baron de Rosny devient tout naturellement son principal conseiller.

Le fidèle Maximilien ne renoncera jamais à la religion calviniste, tandis que son compagnon doit abjurer une seconde fois (1593) pour être sacré roi de France (1594). Dès lors, le baron de Rosny accumule les charges : surintendant des Finances, grand maître de l'artillerie, capitaine des « gens d'armes » de la reine, surintendant des fortifications, gouverneur de la Bastille, de Mantes et de Jargeau (1602), gouverneur du Poitou (1604). Il obtient même un titre spécialement créé à son intention : duc et pair de Sully (1606).

Avec une méthodologie obstinée, Sully s'emploiera à assainir les finances d'un royaume éprouvé par trois décennies de guerre civile. Il donne notamment la primauté au redressement de l'agriculture et à l'assèchement des marais. Mais ce n'est que beaucoup plus tard, dans son ouvrage intitulé *Mémoires des sages et royales économies d'Etat* (1638), qu'apparaît cette formule qui fera florès : « Labourage et pâturage sont les deux mamelles dont la France est alimentée et les vraies mines et trésors du Pérou. »

La Fayette, nous voici !

Charles Stanton. Paris, 4 juillet 1917.

Marié en 1774 à Marie de Noailles (seconde fille du duc d'Ayen), le marquis de La Fayette n'apprécie que très modérément le faste superficiel de la vie de cour du château de Versailles. L'année suivante, lorsqu'il apprend le début de la guerre d'Indépendance américaine, La Fayette se prend à rêver de grands espaces, de liberté et d'action. D'autant que l'idée d'en découdre avec l'Angleterre, ennemie héréditaire de la France, ne déplairait pas à ce jeune intrépide de dix-huit ans.

Dès lors, La Fayette multiplie les démarches pour entrer en contact avec Benjamin Franklin (1706-1790). Sans cependant éveiller l'attention de ses proches qui redoutent que la fougue et la détermination de La Fayette ne finissent par l'emporter. Effectivement, il s'embarque pour l'Amérique le 26 avril 1777 et arrive le 15 juin à Georgetown.

Le Congrès lui donne alors le grade de major général, puis, à la fin de l'année 1777, La Fayette reçoit le commandement des troupes de Virginie. Ainsi, sa dextérité dans l'art de la manœuvre militaire contribue largement à asseoir de nombreux succès du côté des *Insurgents.*

Après un retour triomphal en France (printemps 1779), La Fayette déploie une farouche énergie pour que des forces françaises interviennent aux côtés des troupes américaines. Finalement, malgré la réticence de Louis XVI et de Turgot, il obtient un corps expéditionnaire de six mille hommes commandé par le général de Rochambeau.

A Yorktown, le 17 octobre 1781, La Fayette et Rochambeau obligent le général britannique Charles Mann Cornwallis à capituler. Une victoire qui débouche sur l'indépendance des Etats-Unis. La Fayette apparaît aussitôt comme l'un des principaux acteurs de ce combat pour la liberté.

Cent trente-six années plus tard, le 6 avril 1917, les Etats-Unis entrent en guerre contre l'Allemagne. Commandé par le général John Pershing (1860-1948), un corps expéditionnaire vient prêter main-forte aux troupes franco-britanniques dont le commandement unique vient tout juste d'être confié à Foch. Renforts qui permettront d'ailleurs de remporter des victoires décisives sur le front de Champagne à la mi-juillet 1917.

Auparavant, le 4 juillet (*Independence Day*, commémoration du 4 juillet 1776, lorsque le Congrès adopte la déclaration rédigée par Thomas Jefferson), des soldats du corps expéditionnaire américain avaient tenu à s'incliner sur la tombe du marquis de La Fayette, au cimetière de Picpus, dans l'actuel XIIe arrondissement de Paris. Le général Pershing assiste à la cérémonie et dit notamment : « L'entrée des troupes américaines dans cette guerre nous permet de rendre hommage au grand patriote qui partit de France pour nous aider à conquérir notre liberté. »

A son tour, le colonel Charles E. Stanton s'approche, entouré de quelques soldats. Il va sensiblement dire la même chose, mais avec un sens autrement plus aiguisé de la formule : « *La Fayette, we're here* ! » (La Fayette, nous voici !) Beau joueur, Pershing reconnaîtra dans *American Legion Weekly* (décembre 1920) qu'il « aurait aimé être l'auteur » de ce percutant « discours » de quatre mots que personne n'oubliera.

Leurs Majestés parlent de moi ?

Richelieu. Paris, 11 novembre 1630.

Pour avoir contribué à réconcilier Louis XIII (1601-1643) et sa mère (Marie de Médicis), Richelieu obtient son chapeau de cardinal en 1622. Deux ans plus tard, soutenu par la reine mère, il entre au Conseil et devient rapidement le « principal ministre » du souverain. Bien qu'aucune sympathie réciproque n'attire les deux hommes, ils vont signer une espèce de contrat de confiance mutuelle. D'une part, le roi possède une haute idée de sa fonction. De l'autre, le cardinal nourrit l'ambition de servir avec passion la « personne sacrée » du souverain. Objectif commun de ce mariage de raison : le redressement de la France et la grandeur de l'Etat.

Les « grands » (la haute noblesse) s'agitent. Ils avaient déjà pris les armes aux côtés de Marie de Médicis après l'assassinat de Concini (1617) et fomentent conspirations et complots contre le ministre-cardinal. Quant aux huguenots de l'intérieur, ils ne désarment pas. Mais après un siège de quinze mois, Richelieu obtient la reddition de la Rochelle (1628), pourtant soutenue par les Anglais. Puis il prend Privas (1629). L'anéantissement militaire des protestants entraîne la signature de la paix d'Alais (Alès aujourd'hui). Il s'agit là d'une sorte de nouvel édit de Nantes qui laisse toujours aux réformés la liberté de culte, mais qui, cette fois, supprime les clauses relatives aux privilèges militaires.

La réussite de l'encombrant cardinal de Richelieu continue d'alimenter l'opposition. Marie de Médicis et le parti dévot (ultracatholique) des frères Marillac sont à la pointe du mécontentement. Gaston d'Orléans (frère de Louis XIII) et Anne d'Autriche (l'épouse du souverain) se joignent à la manœuvre qui n'a plus qu'un seul objectif : obtenir le renvoi de Richelieu. Car ils ne supportent plus que le cardinal veuille briser l'impérialisme de la maison d'Autriche en s'alliant aux princes protestants d'Allemagne et de Scandinavie. A l'inverse, la reine mère et ses amis s'obstinent à promouvoir la reconquête catholique et à éradiquer le protestantisme.

Gravement malade, Louis XIII séjourne à Lyon en septembre 1630. Marie de Médicis et Anne d'Autriche lui extirpent alors une promesse : renvoyer au plus vite le « patriarche hérétique ». Rentré à Paris, le souverain s'entretient de nouveau avec sa mère dans la matinée du 11 novembre, au palais du Luxembourg, résidence de Marie de Médicis. Survient alors Richelieu qui leur lance : « Leurs Majestés parlent de moi ? »

S'ensuit une violente dispute entre la reine mère et son ancien protégé qu'elle surnomme désormais le « valet » ou l'« ingrat ». Blême, muet et littéralement atterré par les furieux débordements de sa mère, Louis XIII demande au cardinal de se retirer. En cet instant, chacun croit la partie jouée. Nombre de courtisans parient sur la destitution de Richelieu et certains accourent déjà au Luxembourg pour congratuler Marie de Médicis !

Mais le roi convoque le ministre-cardinal dans son relais de chasse, à Versailles. L'entrevue s'éternise. Finalement, renversement de situation ! Le prélat reprend habilement l'avantage et Louis XIII déclare solennellement lui garder toute son affection et toute sa confiance. Cette date sera ensuite connue sous le nom de « journée des Dupes ».

Richelieu triomphe. L'opposition s'effondre et les disgrâces se succèdent. Gaston d'Orléans s'enfuit à Nancy. Marie de Médicis se retire de la vie politique. Elle devra même s'exiler à Bruxelles (1631) et ne plus jamais revoir son fils. Arrêté, le maréchal de Marillac sera exécuté en 1632.

M

Madame se meurt, Madame est morte !

Bossuet. Saint-Denis, 21 août 1670.

Sous la voûte de la basilique Saint-Denis, Bossuet (tout nouvel évêque de Condom) prononce une de ses plus célèbres oraisons funèbres le 21 août 1670. Une brillante formule marque alors les esprits et libère dans l'assistance des larmes jusqu'ici dignement retenues : « Ô nuit désastreuse, ô nuit effroyable où retentit tout à coup comme un éclat de tonnerre cette étonnante nouvelle ! Madame se meurt, Madame est morte ! »

Presque deux mois auparavant, le 30 juin, la cour — et Louis XIV en personne — avait été saisie de stupeur à l'annonce d'un bouleversant événement : la mort d'Henriette, duchesse d'Orléans. La jeune femme, alors âgée de vingt-six ans, avait épousé le frère du roi en 1661. Mais Philippe de France, duc d'Orléans, restait insensible aux charmes de sa femme qu'il délaissait chaque jour davantage. Aussi, la mort subite de la duchesse d'Orléans trouble-t-elle Versailles, mais aussi une partie de l'Europe. Dès lors, un parfum de mystère plane sur cette affaire.

Fille de Charles Ier d'Angleterre (exécuté en 1649), Henriette avait dû fuir la guerre civile. Elle se réfugie en France avec sa mère, Henriette Marie de France.

Belle, séduisante et pleine d'esprit, Henriette d'Angleterre se repose à Saint-Cloud en ce mois de juin 1670. Louis XIV l'avait chargée d'une mission secrète auprès de son frère, Charles II : détacher les Anglais de leur traditionnelle alliance hollandaise. La jeune femme avait mené avec succès une négociation qui l'enthousiasma et qui la rapprocha de Louis XIV. D'autant que si le roi semble apprécier à sa juste valeur les qualités diplomatiques d'Henriette, il paraît également goûter le charme de sa compagnie. Le souverain éprouve même un affectueux penchant pour sa belle-sœur. Attitude qui exaspère profondément le duc d'Orléans (pourtant fort peu attentionné auprès de son épouse) et qui ravive chez lui une jalousie légendaire.

Le 29 juin, en fin d'après-midi, Henriette bavarde avec Mme de La Fayette. Elles évoquent notamment ces fameuses négociations qui ont débouché, le mois précédent, sur la signature du traité de Douvres. Mais, depuis plusieurs jours, Henriette se plaint de douleurs abdominales. Aussi réclame-t-elle un verre d'eau de chicorée.

Henriette devise encore quelques instants avec sa compagne avant qu'une violente douleur ne la laisse sans voix. Livide, elle crie, supplie. Appelé, le duc d'Orléans reste quasiment de marbre. Son épouse s'apaise. Désormais, elle soupçonne que ses douleurs ne sont pas vraiment naturelles. En cette période, le poison rôde un peu partout ! Six ans plus tard, le procès de la Brinvilliers, et puis, surtout, l'affaire des Poisons prouveront que ces mœurs douteuses n'épargnent guère l'entourage de la cour.

Apothicaires et médecins accourent. Ils font ingurgiter à Henriette d'Angleterre toutes sortes de remèdes. Elle subit tout ce que la tradition superstitieuse emprunte à la magie. Lavements et saignée succèdent à la poudre de vipère ! Au milieu de la nuit, Louis XIV fait même le voyage de Saint-Cloud. Henriette rend son dernier soupir vers trois heures du matin. Une dizaine d'heures après avoir bu son verre de chicorée.

Dès cet instant, la rumeur se met à courir. Les regards se portent aussitôt vers Monsieur, le duc d'Orléans. Mais aussi vers le chevalier de Lorraine qu'Henriette avait contribué à faire exiler. Jamais son empoisonnement ne sera prouvé. Aujourd'hui, certains médecins penchent pour une péritonite aiguë.

Reste la talentueuse oraison de Bossuet qui n'utilise ici que le mot « Madame ». Soulignons en effet que « Madame » (tout court, sans aucune autre adjonction) désignait la femme de « Monsieur », le frère du roi. La fille aînée du souverain pouvait également l'utiliser. En revanche, toutes les autres filles du roi et du dauphin devaient se faire appeler « Madame... » suivi de leur prénom.

— *Mais, c'est une révolte !*
— *Non, Sire, c'est une révolution.*

François de La Rochefoucauld-Liancourt. Versailles, 14 juillet 1789.

Le roi vacille. Déstabilisé par la fermeté de l'Assemblée, Louis XVI engage les représentants des deux ordres privilégiés (noblesse et clergé) à se joindre au tiers état (27 juin 1789). Un peu tard ! Nombre de députés n'avaient pas attendu l'assentiment royal. De surcroît, le souverain cède sur un point essentiel : le vote par tête remplacera désormais le vote par ordre. La révolution politique prend forme et la monarchie absolue cesse d'exister.

Le 9 juillet, la chambre des députés prend le nom d'Assemblée nationale constituante. Le travail législatif peut commencer autour de l'élaboration d'une constitution. Mais l'agitation gagne. Certains craignent une offensive contre-révolutionnaire. D'autres redoutent les émeutes populaires. La révocation de Necker (11 juillet) contribue à accroître le mécontentement, tandis que les régiments envoyés sur Paris « pour prévenir les désordres » attisent l'effervescence. Quant à la rumeur publique, elle se charge d'amplifier la moindre bousculade.

Au matin du 14 juillet, la foule pille l'Arsenal. Puis elle s'empare de trente-deux mille fusils et d'une vingtaine de canons à l'hôtel des Invalides. Les manifestants décident alors de marcher sur la Bastille, symbole du despotisme royal. On connaît la suite. Des gardes-françaises se joignent aux assaillants. Le gouverneur de la forteresse et sa poignée de soldats capitulent.

Au soir ce cette journée, à Versailles, Louis XVI écoute le récit de François de La Rochefoucauld-Liancourt. Le grand maître de la garde-robe du roi n'occulte aucun détail : prise de la citadelle, massacre de sa garnison, exécution de son gouverneur (Launay) et du prévôt des marchands (Flesselles)...

Louis XVI s'étonne de la tournure que prennent les événements : « Mais, c'est une révolte ! » Grand seigneur éclairé (il prône l'égalité devant l'impôt et la liberté de la presse), le duc de Liancourt répond, imperturbable et pédagogue : « Non, Sire, c'est une révolution. »

Malheur aux vaincus !

Brennus. Rome, vers 390 av. J.-C.

Au Ve siècle av. J.-C, Rome engage une guerre impitoyable contre ses puissants voisins du Nord. La lutte va se poursuivre pendant près d'un siècle, au cours duquel la civilisation étrusque subit une pressante menace militaire et culturelle qui se traduit finalement par la perte de Véies (396 av. J.-C.), la plus méridionale des grandes métropoles étrusques.

Rome se remet lentement des dix années du siège victorieux de Véies, tandis que les Celtes tentent des incursions sur le territoire italien. A la faveur de ces vastes mouvements de migration, une tribu de Sénons parvient aux portes de Rome. La bataille s'engage sur les bords de l'Allia, affluent du Tibre.

Les soldats romains avaient cru déstabiliser leurs adversaires gaulois en venant à leur rencontre. Mais le chef des Sénons, un certain Brennus, prouve qu'il possède un remarquable talent militaire puisqu'il déjoue le piège et pénètre dans Rome (390 av. J.-C.).

Les Romains cèdent alors à la panique. Ils abandonnent la ville et se contentent de défendre le Capitole. Une fois la cité mise à sac et incendiée, les Gaulois font le siège de la forteresse. De vaillants Sénons tentent même une irruption nocturne en escaladant les murs. Mais, prévenus par le tapage des oies sacrées du Capitole, les défenseurs du lieu repoussent leurs assaillants. C'est du moins la version de l'historien romain Tite-Live (64-10 av. J.-C.) qui produisit une monumentale *Histoire de Rome*, allant des origines à l'an 9 av. J.-C.

Au bout de sept mois de siège, les Romains reconnaissent leur défaite et acceptent de payer une humiliante rançon. Tite-Live, toujours lui, ajoute ici une anecdote dont il truffait ses récits. Au moment de la pesée de l'énorme quantité d'or correspondant au tribut à honorer, Brennus aurait jeté sa plus lourde épée dans la balance. Il augmentait ainsi du poids de son arme le prix à payer.

Et Brennus se serait fièrement écrié : « Malheur aux vaincus ! » (*Vae victis !*) Brennus sera ensuite défait par le général Camille (Marcus Furius Camillus), le tribun consulaire qui avait triomphé des Etrusques à Véies.

Soulignons que les Romains appelaient « Brenn » tous les chefs gaulois. Ce nom commun désignait en réalité le responsable de l'armée ennemie. Ce mot se transforma donc en Brennus pour baptiser celui qui menait ici les envahisseurs celtes.

Par ailleurs, il convient de ne pas confondre les Sénons de cette aventure avec le peuple de la Gaule qui occupait, au Ier siècle avant J.-C., le Sénonais (bordure méridionale de l'actuelle Bourgogne).

Messieurs, il faudra se soumettre ou se démettre.

Léon Gambetta. Lille, 15 août 1877.

Gros, borgne, toujours essoufflé et débraillé, Léon Gambetta fut l'un des plus brillants tribuns de la IIIe République. Sa carrière politique commence sous le Second Empire finissant. Elu aux législatives de mai 1869, Gambetta devient le chef de la minorité républicaine.

La guerre contre la Prusse se termine par le désastre de Sedan, le 2 septembre 1870. Deux jours plus tard, à la faveur d'un mouvement insurrectionnel conduit par Gambetta, l'Assemblée proclame la République et entérine la déchéance de Napoléon III.

Ministre de l'Intérieur dans le gouvernement de la Défense nationale, Gambetta quitte en ballon Paris assiégé (7 octobre 1870). Hostile à la capitulation et partisan de la « guerre à outrance », il tente d'organiser la résistance depuis Tours. Mais il doit démissionner car les autres membres du gouvernement soutiennent la paix (février 1871).

Finalement, Paris a donc capitulé et un armistice de trois semaines permet l'élection d'une nouvelle Assemblée réunie à Bordeaux (février 1871). Conduit par Adolphe Thiers, le gouvernement provisoire engage aussitôt les préliminaires d'un accord qui mène à la signature du traité de Francfort (mai 1871). Triomphalement élu à ces législatives de février, Gambetta quitte cependant l'Assemblée (avec quelques autres députés, comme Victor Hugo). Il ne peut accepter l'essentiel des termes du traité : annexion par l'Allemagne de l'Alsace et d'une partie de la Lorraine.

Après la sanglante répression de la Commune, des législatives complémentaires se soldent par un immense succès républicain (juillet 1871). Réélu, Gambetta siège à l'extrême gauche et dirige l'Union républicaine. Et, lorsque Mac-Mahon remplace Adolphe Thiers à la présidence de la République (mai 1873), Gambetta durcit ses positions. Il veut faire obstacle à la politique cléricale et conservatrice de l'Ordre moral prônée par le maréchal-président.

Gambetta se pose alors en champion de l'« opportunisme », s'allie au centre et permet le vote des lois constitutionnelles qui établissent enfin la République (amendement Wallon, 30 janvier 1875). Le président de la République sera désormais élu, pour sept ans, à la majorité des suffrages par les deux chambres réunies en congrès (Sénat et Assemblée des députés). S'ensuivent les élections de février 1876 qui donnent une majorité républicaine à la Chambre.

Mac-Mahon a nommé Jules Simon à la présidence

du Conseil. Survient alors une des plus célèbres bévues du maréchal-président. Celui-ci saisit un prétexte pour adresser un blâme à Jules Simon, au sujet du vote d'un texte réglementant la liberté de la presse (16 mai 1877). Vexé, Simon démissionne.

Mac-Mahon remporte le premier acte et croit donc pouvoir porter à la tête du gouvernement le duc de Broglie, fervent défenseur de la politique de l'Ordre moral et orléaniste convaincu. De Broglie appelle de ses vœux la restauration d'une monarchie et il considère explicitement Mac-Mahon comme une sorte de régent, comme un homme de transition prêt à s'écarter le moment venu. Mais, constitué le 18 mai, le Conseil saute le 19 ! Le maréchal-président ne dispose plus que d'une seule riposte possible : la dissolution.

Au cours de la campagne électorale, Gambetta prend la tête du vaste mouvement d'opposition qui se développe contre Mac-Mahon et de Broglie. Et, le 15 août, à Lille, le tribun leur lance : « Quand la France aura fait entendre sa voix souveraine, messieurs, il faudra se soumettre ou se démettre. »

Malgré une large victoire des républicains, Mac-Mahon tergiverse. Il n'accepte pas de se soumettre. Le président de la République tente même une derrière esquive en demandant au général Gaëtan de Grimaudet de Rochebouët (1813-1899) de former un gouvernement modéré, uniquement composé de non-parlementaires ! Ce que les observateurs politiques appellent aujourd'hui des « membres de la société civile ». Formé le 23 novembre 1877, ce gouvernement tombe le lendemain !

Echaudé, le maréchal-président revient alors à de plus convenables traditions institutionnelles. Il nomme un ami de Léon Gambetta, l'inusable Armand Dufaure (1798-1881), à la présidence du Conseil. Cette fois, Mac-Mahon a bien voulu se soumettre. Et après la triomphale victoire des républicains aux sénatoriales (5 janvier 1879), il va également finir par se démettre (30 janvier). Jules Grévy lui succédera à la présidence de la République.

Messieurs les Anglais, tirez les premiers !

Comte d'Auteroche. Fontenoy, 1745.

La guerre de Succession d'Autriche ensanglanta l'Europe de 1740 à 1748. Pourtant, un célèbre épisode de la bataille de Fontenoy laisse encore planer l'image d'un affrontement courtois, chevaleresque, presque romantique. Comme si l'élégance d'une réplique voulait s'efforcer de cacher la cruauté sanguinaire de l'empoignade.

Le 11 mai 1745 l'armée de Louis XV fait face à la coalition anglo-hollandaise du duc de Cumberland. Son infanterie s'arrête à quatre-vingts pas des lignes françaises. Dans un bel ensemble, les officiers britanniques saluent d'un geste ample. Chapeau bas ! Et leurs homologues des gardes-françaises rendent le salut.

Le capitaine Charles Hay s'avance. Il s'arrête à une trentaine de mètres des troupes françaises :

« Monsieur, faites tirer vos gens, lance-t-il à l'officier qui lui fait face.

— Non, monsieur, nous ne commencerons jamais. Tirez vous-mêmes », réplique fièrement le comte d'Auteroche (ou d'Anterroches).

Lord Hay salue une nouvelle fois, tourne les talons et rejoint prestement ses hommes. Dans les instants qui suivent, les lignes françaises sont décimées sous le feu roulant des Anglais.

Dans la débâcle qui s'ensuit, le comte d'Auteroche est très grièvement blessé. Mais ce brillant quadragénaire, déjà réputé pour ses mots d'esprit, échappe miraculeusement à la mort. Grâce au maréchal de Saxe (habile tacticien de Louis XV), les gardes-françaises emporteront finalement cette bataille de Fontenoy. Comme si le comte d'Auteroche avait été récompensé pour son très britannique fair-play !

Souvent déformés, enjolivés ou raccourcis, les mots historiques franchissent les siècles. Ce très concis « Messieurs les Anglais, tirez les premiers ! » reste probablement le plus bel exemple d'expression passée à la postérité... sans avoir jamais été précisément prononcée de cette manière. En réalité, il existe une vingtaine de versions de la scène. Seul le second terme du dialogue subsiste. Tout comme dans cette autre présentation possible de l'échange :

« Messieurs les Français, tirez les premiers.

— A vous l'honneur ! »

Monsieur, je vous demande excuse, je ne l'ai pas fait exprès.

Marie-Antoinette. Paris, 16 octobre 1793.

Après l'exécution de Louis XVI (21 janvier 1793), il faut attendre le 1er août pour que Marie-Antoinette soit transférée du Temple à la Conciergerie, bâtiment sinistre surnommé l'antichambre de la mort. Le procès de la reine devant le Tribunal révolutionnaire commence le 12 octobre 1793. L'« Autrichienne » est notamment accusée de « manœuvres avec les puissances étrangères ». L'implacable réquisitoire de Fouquier-Tinville et les assauts souvent outrageants du journaliste Hébert (substitut du procureur de la Commune) emportent la décision. Condamnée à mort le 16 octobre, la reine rejoint le jour même, vers midi, la place de la Révolution (actuelle place de la Concorde).

Séparée de son fils depuis le 3 juillet, endeuillée, amaigrie, affaiblie par l'angoisse et le chagrin, Marie-Antoinette approche avec courage et dignité de la guillotine. Tous les témoins l'attestent. Mais, dans la hâte, elle perd son soulier et marche sur le pied de son bourreau. Alors, la jeune femme (elle n'a que trente-huit ans) lâche dans un souffle : « Monsieur, je vous demande excuse, je ne l'ai pas fait exprès. » Quelques instants plus tard, sa tête sera présentée à la foule aux quatre coins de l'échafaud.

Montez le premier, monsieur, vous n'auriez pas la force de me voir mourir.

Manon Roland. Paris, 8 novembre 1793.

Egérie des députés girondins sous la Révolution, Manon Roland ne manque ni de courage ni de fierté face à l'adversité. Les Montagnards lui vouent d'ailleurs une haine tenace, car ils savent qu'elle ne manque pas d'habileté dès qu'il s'agit de conseiller, voire de galvaniser ses amis. Certains prétendent même que Manon Roland dirigea le ministère de l'Intérieur confié à son mari entre mars 1792 et janvier 1793.

Mais les journées insurrectionnelles des 31 mai et 2 juin 1793 marquent la victoire des Montagnards. Ils font rapidement arrêter Manon Roland. Cinq mois plus tard, le Tribunal révolutionnaire la condamne à la peine capitale.

Dans la charrette qui conduit les condamnés vers l'échafaud, l'un de ses compagnons d'infortune ne peut cacher son profond désespoir. Arrivés sur la place de la Révolution où trône l'impressionnante guillotine, Manon lui aurait alors dit : « Montez le premier, monsieur, vous n'auriez pas la force de me voir mourir. »

N

Ne demandez pas à votre pays ce qu'il peut faire pour vous. Mais plutôt ce que vous pouvez faire pour votre pays.

John Fitzgerald Kennedy. Washington, 20 janvier 1961.

En 1932, dans un discours électoral à San Francisco, Franklin Roosevelt (1882-1945) reconnaît : « La dernière frontière a été atteinte. » Selon lui, il n'existe plus aucune soupape de sécurité capable d'offrir à certains un nouveau départ, comme le Far West l'avait autrefois permis. Le mythe de la frontière indéfiniment extensible et de l'abondance illimitée prend ainsi un sérieux coup de vieux. D'autant que le pays vient de subir la terrible dépression de 1929. L'admission de l'Alaska et de Hawaii au rang de 49e et 50e Etat de l'Union (1959) ne change bien évidemment rien à la donne.

John Fitzgerald Kennedy va de nouveau s'appuyer sur

ce thème de « nouvelle frontière » pour mener la campagne électorale qui le conduit à la victoire en novembre 1960. Mais, quand il parle de « nouvelle frontière », Kennedy songe à l'éducation, à l'assistance aux personnes démunies, à la législation sociale, à l'intégration raciale, à l'aide aux pays sous-développés... Il ne pense plus à l'extension géographique du pays. Ni à l'expansion sans limites.

Toutefois, Kennedy veut incontestablement relancer le rêve américain, l'esprit pionnier et le goût d'entreprendre. Aussi va-t-il insister dans son discours inaugural en lançant au pays cette formule célèbre : « Ne demandez pas à votre pays ce qu'il peut faire pour vous. Mais plutôt ce que vous pouvez faire pour votre pays. »

Le rêve se brisera à Dallas (Texas) en novembre 1963.

Ni Dieu ni maître.

Auguste Blanqui. 1880.

Théoricien du socialisme, Auguste Blanqui récuse le communisme utopique pour s'engager dans l'action révolutionnaire. Affilié dès 1824 à la Charbonnerie (société politique secrète ayant pour objectif d'établir la république), Blanqui se joint aux manifestations étudiantes de 1827, puis à l'insurrection parisienne des Trois Glorieuses (juillet 1830) qui entraîne l'abdication de Charles X. L'arrivée sur le trône de Louis-Philippe, roi « des Français » et non plus « de France », ne calme pas tous les esprits et Auguste Blanqui s'associe aux multiples émeutes de l'année 1831.

Blanqui est accusé de complot contre la sûreté de l'Etat en janvier 1832. Il sort de prison un an plus tard. Désormais, Blanqui n'adhère plus qu'à une seule théorie : mettre en place par la force un Etat populaire chargé de répartir les biens, de réglementer la production, d'organiser l'association des travailleurs.

Auguste Blanqui sera ensuite de tous les soulèvements insurrectionnels et il passera plus de trente ans de sa vie en prison. Au point qu'on le surnommera « l'Enfermé ».

Emprisonné avec Armand Barbès (1809-1870) après un coup de main contre l'Hôtel de Ville en mai 1839, Blanqui prend la tête du mouvement prolétarien de Paris dès sa libération (1847).

Mais il est de nouveau incarcéré à la suite d'un coup de force contre l'Assemblée (1848). Il purge une peine de dix ans, tente de fonder une société secrète avec l'objectif de déclencher la révolution, retourne en prison (1861), s'évade (1865) et parvient enfin à organiser une armée clandestine forte de deux mille cinq cents fidèles. Cette troupe de combat échoue dans sa tentative d'insurrection menée le 14 août 1870. Blanqui fonde alors un journal intitulé *La Patrie en danger*.

Auguste Blanqui est arrêté en mars 1871. Il ne participe donc pas à la Commune (mars-mai 1871). Condamné à la déportation et à la dégradation civique, sa peine est commuée en emprisonnement. Amnistié en 1879, Auguste Blanqui fonde alors un journal intitulé *Ni Dieu ni maître* dans lequel il reprend son action d'organisateur du mouvement socialiste. Ce titre sonne comme un véritable slogan. Et « Ni Dieu ni maître » deviendra une devise communément associée au mouvement anarchiste.

Noblesse oblige.

Gaston de Lévis. 1808.

Originaire de Lévis-Saint-Nom, près de Dampierre (Yvelines), la noble lignée des Lévis remonte au XIIe siècle. Elle acquiert au fil du temps de nombreux fiefs dont elle s'adjoint souvent le nom et qui forment plusieurs branches : Mirepoix, Léran, Caylus, Lautrec ou Vendatour. Par exemple, Gui Ier de Lévis (mort en 1230) s'empare de la seigneurie de Mirepoix et participe à la croisade contre les albigeois (cathares de la région d'Albi qui furent notamment combattus par l'Inquisition). Ce qui vaudra aux futurs ducs de Lévis-Mirepoix de porter ensuite le titre de « maréchal de la Foi ».

Député aux Etats généraux de 1789, Gaston de Lévis est une autre figure de la famille. Il émigre en 1792 et prend une part active dans l'expédition des royalistes sur Quiberon (juin 1795). Mais ce monarchiste convaincu ne rentre définitivement en France qu'après le coup d'Etat de Bonaparte (1799).

S'abstenant de tout engagement politique durant l'Empire, le duc de Lévis publie cependant un ouvrage intitulé *Maximes et réflexions* (1808). L'année même où

Napoléon crée sa noblesse impériale, accordant aux dignitaires du régime les titres de princes ou d'altesse sérénissime et rétablissant une hiérarchie de ducs, comtes, barons et chevaliers.

Choqué par cette initiative, Gaston de Lévis écrit donc dans ce livre, non sans courage compte tenu du contexte : « Lorsqu'on est issu d'une famille illustre, l'on doit apprendre à ses enfants que, si le public est disposé à honorer en eux le mérite de leurs parents, il s'attend à en trouver les traces chez leurs descendants ; car rien n'est moins gratuit que le respect que l'on accorde à la naissance : noblesse oblige. » A son retour sur le trône de France, Louis XVIII (1815) va nommer ce fidèle royaliste en son Conseil privé.

Le « Noblesse oblige » du duc de Lévis deviendra le titre français d'une comédie satirique britannique. Ce chef-d'œuvre de l'humour noir, intitulé en anglais *Kind Hearts and Coronets*, prend pour cible l'aristocratie. Réalisé en 1949 par Robert Hamer, le film est servi par la prestigieuse interprétation d'Alec Guinness qui interprète huit rôles différents (dont celui d'une femme).

Nous avons brûlé une sainte.

Attribué à Pierre Cauchon. Rouen, 30 mai 1431.

La folie du roi Charles VI (1368-1422) mène la France sur le chemin de la guerre civile. Ainsi va s'écrire une des pages les plus sombres de l'histoire du pays. Un mot domine cette période : trahison.

En 1392, une crise de démence éloigne Charles VI du pouvoir et ravive les querelles entre Armagnacs et Bourguignons. Grâce au soutien de ces derniers, Henri V d'Angleterre remporte la célèbre bataille d'Azincourt (1415). Puis Paris tombe aux mains des Bourguignons (1418) et le dauphin (futur Charles VII) ne peut que fuir. Il se réfugie à Bourges. Quant à sa mère, la reine Isabeau de Bavière, elle signe alors le déshonorant traité de Troyes (1420). Cet accord déshérite purement et simplement le dauphin et reconnaît Henri V d'Angleterre comme héritier du royaume de France.

Abandonné des siens et soigné par sa maîtresse, Charles VI le Fou meurt deux mois après Henri V d'Angleterre (1422). Agé de quelques mois, le fils du souverain anglais ne peut cependant régner et la régence pour le territoire français est assurée par Jean de Lancastre, duc de Bedford (frère d'Henri V).

Celui que l'on appelle alors le « petit roi de Bourges » a encore le soutien des Armagnacs, tandis que les Anglais et leurs alliés bourguignons occupent les trois quarts du territoire français. En outre, le futur Charles VII ne semble même plus croire en son étoile. D'autant que l'ennemi laisse planer la rumeur d'une bâtardise qui affecte profondément le dauphin.

Dans cette France sous tutelle d'un régent étranger, affaiblie, désorganisée, divisée, meurtrie, rongée par l'anarchie et la guerre civile, rien ne laisse entrevoir l'amorce d'un sursaut. D'autant que les malingres troupes royales essuient revers sur revers face aux Anglo-Bourguignons. Surgit alors de Domrémy une héroïne hors du commun : Jeanne d'Arc. La jeune fille se dit envoyée par Dieu pour bouter l'Anglais du royaume et pour donner au dauphin la couronne qui lui revient.

L'insolite et fabuleux destin de Jeanne commence au début de l'année 1429. Elle a environ dix-sept ans lorsqu'elle parvient à convaincre Robert de Baudricourt de lui fournir une escorte pour se rendre à Chinon afin d'y rencontrer Charles VII (mars 1429). Là encore, Jeanne prouve son exceptionnel pouvoir de conviction en obtenant du dauphin une véritable « maison de guerre ».

Ecuyers, hérauts d'armes et pages accompagnent Jeanne pour conduire les détachements royaux vers Orléans. Et l'inconcevable s'accomplit : le 8 mai 1429, elle débarrasse la ville de ses assiégeants. A mesure que se répand la retentissante nouvelle de l'exploit, l'événement se transforme en une espèce de miracle qui pétrifie les armées de Bedford et galvanise les troupes légitimistes.

Jeanne profite immédiatement de son avantage psychologique. Avec l'aide de valeureux guerriers (Gilles de Rais, Etienne de Vignollès, dit La Hire, et le comte de Dunois), elle enchaîne les succès : Jargeau, Beaugency, Patay, Gien, Auxerre et Troyes. La route du couronnement s'ouvre enfin devant le dauphin.

Charles VII est officiellement sacré roi de France à Reims, le 17 juillet 1429. Jusqu'ici effacé, timide et apathique, le souverain retrouve volonté, force et vigueur. Ce sacre lui donne probablement la confiance qui lui avait manqué.

Acquis à la cause bourguignonne, Paris résiste. Jeanne échoue devant la capitale en septembre 1429. Puis en décembre à La Charité-sur-Loire. Enfin, à Compiègne, dans la soirée du 23 mai 1430, Jeanne est capturée. Et les Bourguignons livrent leur prisonnière au duc de Bedford en échange d'une substantielle rançon.

Beaucoup, notamment dans la hiérarchie ecclésiastique, pensent que l'exceptionnelle réussite de Jeanne n'a qu'une seule explication : la sorcellerie ! Pour vaincre autant de périls avec cette arrogante bravoure, Jeanne a forcément signé un pacte avec le diable. Lucifer l'habite et la guide. Une seule issue s'impose : le procès.

Codifiée au concile de Toulouse en 1429, l'Inquisition ne fait ses débuts officiels sur le territoire français qu'en 1432. Après le procès de Jeanne. Cependant, les méthodes utilisées à Rouen par l'évêque de Beauvais, Pierre Cauchon, donnent un terrifiant avant-goût des ignobles procédés que mettra en place la redoutable justice de l'Eglise, sorte de tribunal de la foi, pendant les heures les plus sombres de la chasse aux sorcières (1580-1630).

L'instruction commence en janvier 1431. Elle se termine le 29 mai par la condamnation de Jeanne à la peine capitale. Ni Charles VII ni les autorités religieuses n'esquissent le moindre geste. Et Jeanne est conduite au bûcher, le 30 mai 1431, sur la place du Vieux-Marché, à Rouen. Une exécution qui contribuera à fortifier la légende de la petite bergère de Domrémy.

Comme pour atténuer l'acharnement dont fit preuve l'évêque Cauchon, la tradition veut qu'on lui attribue une formule de repentir prononcée au moment du supplice : « Nous avons brûlé une sainte. »

En réalité, au cours du procès en réhabilitation de Jeanne voulu par le pape Calixte III (1456), le frère dominicain qui assistait la victime a clairement identifié cette remarque dans la bouche d'un secrétaire d'Henri VI d'Angleterre. D'autres affirment que la paternité de la formule doit revenir à un soldat anglais. Tout aussi inspiré, un de ses collègues soutenait avoir vu une colombe s'envoler de la bouche de Jeanne « avec son dernier soupir ». Car si cet exceptionnel bûcher sut attiser les passions, il mit aussi en ébullition maintes imaginations. Et, vingt-cinq ans après les faits, il ressuscita des témoignages plus ou moins brumeux.

Jeanne d'Arc sera béatifiée en 1909 et canonisée en 1920.

Nous sommes ici par la volonté du peuple et nous ne sortirons que par la force des baïonnettes !

Comte de Mirabeau. Versailles, 23 juin 1789.

La disette menace. Le peuple murmure. La Révolution est en marche. Après le rigoureux hiver de 1788-1789, des scènes de violence éclatent dès le début du printemps. Notamment faubourg Saint-Antoine, à Paris. Pourtant, les élections se sont déroulées dans le calme. Selon la tradition, les Français ont présenté leurs vœux et revendications dans des « cahiers de doléances » rédigés sur un ton globalement modéré. Certes, les électeurs veulent l'abolition des droits féodaux et l'égalité devant la loi. Ils souhaitent aussi disposer d'une constitution qui garantisse notamment les libertés individuelles et les droits de la nation face au souverain. Cependant, les témoignages de fidélité à la monarchie abondent.

Le roi convoque les Etats généraux le 5 mai 1789, dans une vaste salle de l'hôtel des Menus-Plaisirs, à Versailles. Mais d'inutiles vexations protocolaires et le rapide discours de Louis XVI, qui ne présente aucune des réformes politiques et sociales attendues, agacent le tiers état. Rien sur la constitution, rien sur la délibération des trois ordre en commun, rien sur le vote par ordre ou par tête. Tout reste en suspens.

Pendant plus d'un mois, le tiers état demande que le travail se fasse en commun. C'est-à-dire avec les deux autres ordres. Mais noblesse et clergé refusent. Ils se réunissent en d'autres lieux. Pour sa part, le tiers état occupe toujours la salle des Menus-Plaisirs où quelques curés et gentilshommes rejoignent le groupe sous les acclamations. Le 17 juin, sur proposition de Sieyès, le tiers état se proclame Assemblée nationale en décrétant aussitôt que « tout impôt perçu sans son consentement sera illégal ».

Le 20, les députés du tiers état trouvent porte close à l'hôtel des Menus-Plaisirs (exaspéré, le roi avait avancé le fallacieux prétexte de travaux à engager dans le bâtiment). Il faut dire que de plus en plus d'élus du clergé et de la noblesse venaient se joindre à la toute jeune Assemblée nationale. Les députés se rassemblent alors non loin de là, rue du Vieux-Versailles, dans l'austère salle du Jeu de paume que David immortalisera dans son célèbre tableau.

Aussitôt, à l'instigation de Mounier, les députés décident à l'unanimité (moins une voix, celle d'un avocat d'Auch, Martin) qu'ils ne se sépareront pas sans donner une constitution à la France. Et chacun de prêter serment devant Bailly, le président de l'Assemblée, juché pour l'occasion sur une table.

Louis XVI tergiverse une nouvelle fois. Finalement, son entourage le persuade de tenir une « séance royale » le 23 juin. Après avoir annulé les décisions du 17 (et notamment la proclamation du tiers état en Assemblée nationale), le roi expose son programme de réformes (insignifiantes), interdit aux trois ordres de siéger en commun et exige des députés qu'ils délibèrent dans leurs salles respectives. Puis le souverain se retire.

Devant le refus manifeste de l'Assemblée d'obtempérer, le grand maître des cérémonies, le marquis de Dreux-Brézé, s'avance vers Bailly pour lui rappeler avec fermeté la volonté royale. Et tandis qu'on lui rétorque que l'Assemblée ne reçoit pas d'ordres de la part d'un homme qui n'a ici ni place, ni voix, ni droit de parler, le comte de Mirabeau s'avance et lance au marquis sa célèbre tirade : « Allez dire à ceux qui vous envoient que nous sommes ici par la volonté du peuple et que nous ne sortirons que par la force des baïonnettes. »

Comme pour moult formules trop bien façonnées, beaucoup doutent de l'authenticité du propos. Ce qui n'enlève rien à l'engagement de ce « gentilhomme du peuple » lors des trois journées (17, 20 et 23 juin) qui préfacent la Révolution. Toujours est-il que le nom du comte de Mirabeau restera accolé à la « séance royale ». Car, quatre jours plus tard, le roi cède. Il donne l'ordre à la noblesse et au clergé de rejoindre les « dissidents » du 17 juin. Et comme le dit alors si bien Bailly : « Désormais, la famille est complète. » Elle prendra le nom d'Assemblée constituante dès le 9 juillet 1789.

Nous sommes prêts ; il ne manque pas un seul bouton de guêtre.

Edmond Lebœuf. Saint-Cloud, juillet 1870.

Ceux qui rêvent d'en découdre avec la Prusse saisissent une occasion inespérée : la candidature d'un prince allemand (Léopold de Hohenzollern) au trône d'Espagne, vacant depuis deux ans. Ce prétexte enflamme immédiatement les partisans de la guerre. Le 6 juillet 1870, devant les députés du Corps législatif, le duc de Gramont, ministre des Affaires étrangères, assure que la France « remplira son devoir sans hésitation ni faiblesse ».

La stupéfaction de l'Europe, face à cette soudaine poussée de fièvre, déclenche une agitation diplomatique immédiate. Et malgré l'insolente véhémence du camp français, Guillaume de Prusse joue le jeu de la conciliation. Le 12 juillet, tout semble réglé, Léopold ayant notamment renoncé à briguer le trône d'Espagne.

Mais c'est sans compter sur la pression de la rue qui veut « relever le défi ». De surcroît, le parti de la guerre recrute dans l'entourage de Napoléon III et au sein des ministères. L'empereur, affaibli par la maladie, n'a d'ailleurs plus la lucidité nécessaire pour analyser la situation. Ni pour imposer ses décisions.

L'impératrice Eugénie mène la danse. Elle voit dans un conflit l'occasion d'affermir l'autorité du régime et, surtout, d'assurer la succession au prince impérial. Le

14 juillet, lors d'importantes réunions ministérielles à Saint-Cloud, elle influence sans difficulté les rares sceptiques. Elle va même jusqu'à déclarer : « C'est ma guerre ! » Il faut dire que l'impératrice, catholique rigide, accueillerait avec une joie non dissimulée la victoire sur une puissance de confession protestante.

Quant à Edmond Lebœuf, ministre de la Guerre depuis 1869, il piaffe d'impatience. Elevé au rang de maréchal quelques mois plus tôt, il veut pouvoir donner sa pleine mesure. Objectif : ne pas décevoir un empereur qu'il a très largement influencé et auquel il doit beaucoup.

Faisant campagne dans les couloirs du Corps législatif, Edmond Lebœuf lâche donc cette formule grotesque où il semble confondre parade et champ de bataille : « Nous sommes prêts ; il ne manque pas un seul bouton de guêtre. » Ainsi, la France déclare la guerre à la Prusse le 19 juillet 1870. Cette indécente confiance va mener à une effroyable boucherie qui se termine par le désastre de Sedan et par la capitulation du 2 septembre.

En trois mois, on vient de le voir, la période fut propice à nombre de petites phrases historiques. Mais elle a également donné naissance à une expression très courante. En voici le contexte. Entre les 16 et 18 août, le maréchal Achille Bazaine mène la terrible bataille de Gravelotte-Rezonville (au sud-ouest de Metz). Désorganisés, mal préparés, voire indisciplinés, ses soldats essuient une cuisante défaite. En deux jours, les pertes sont considérables (près de trente mille hommes). Sans même vraiment pouvoir lutter, les soldats s'écroulent les uns après les autres devant des ennemis trois fois plus nombreux et beaucoup mieux armés. D'où l'expression : « Tomber comme à Gravelotte. »

Nous vaincrons parce que nous sommes les plus forts.

Paul Reynaud. Paris, 10 septembre 1939.

A Moscou, le 23 août 1939, Ribbentrop et Molotov signent le pacte de non-agression germano-soviétique. Le même jour, le Parlement britannique accorde des pouvoirs spéciaux à son gouvernement et la France rappelle un contingent supplémentaire de réservistes. Mais l'inéluctable se produit. Après son coup de force contre la Tchécoslovaquie (15-17 mars 1939), Hitler envahit la Pologne le 1er septembre au matin. Deux jours plus tard, la Grande-Bretagne et la France déclarent la guerre à l'Allemagne.

Sûrement fallait-il galvaniser troupes et population civile. Paul Reynaud, alors ministre des Finances dans le gouvernement présidé par Edouard Daladier, décide de monter au créneau. Et il assène devant le Sénat une phrase définitive, digne de ces instants propices à exalter un indispensable patriotisme de bon aloi : « Nous vaincrons parce que nous sommes les plus forts. »

Le 14 juin suivant, les armées du Führer entrent dans Paris !

O

O liberté, que de crimes on commet en ton nom !

Manon Roland. Paris, 8 novembre 1793.

Pendant la Révolution, les Girondins ne se posent pas en représentants d'une classe sociale. Ils se définissent plus volontiers comme un groupe attiré par l'idée du fédéralisme. Plusieurs de leurs chefs sont députés de la Gironde, d'où leur nom (on les appelle aussi brissotins, en référence à l'un des leaders du mouvement, Jacques Brissot).

Après la chute de la royauté (10 août 1792), la Convention succède à l'Assemblée législative le 21 septembre 1792, jour de la proclamation de la république. Siégeant à droite, les Girondins dominent les débuts de la Convention. Ils estiment que le mouvement révolutionnaire a atteint son objectif en mettant fin au despotisme et à la monarchie. Les Girondins tentent d'ailleurs de retarder le procès de Louis XVI (décembre 1792-janvier 1793).

Mais les menaces de contre-révolution, la guerre face à l'Europe aristocratique, la Chouannerie et une grave crise économique attisent les haines et affaiblissent cette Convention girondine. S'appuyant sur la Commune insurrectionnelle, les députés montagnards finissent par l'emporter au terme des journées de fronde menées par les hébertistes (31 mai et 2 juin 1793). La sanction tombe : le Tribunal révolutionnaire condamne à mort vingt-deux Girondins.

Au nombre de ces proscrits figure Jean-Marie Roland. Mais celui-ci parvient à s'enfuir en Normandie. Sa femme Manon reste à Paris. Rapidement arrêtée et emprisonnée à la Conciergerie, elle est accusée de complot contre la république. « Après sa condamnation, elle repassa dans le guichet avec une vitesse qui tenait de la joie. Elle indiqua par un signe démonstratif qu'elle était condamnée à mort », note Honoré Riouffe dans ses *Mémoires d'un détenu.*

Epouse de Jean-Marie Roland de La Platière, l'un des chefs girondins, Manon avait exercé une influence considérable sur ce mouvement politique. Et plus encore sur son mari lorsqu'il occupe le poste de ministre de l'Intérieur (mars 1792-janvier 1793). Douée d'un indéniable talent d'écriture, Manon rédigeait ses discours. Elle montra un réel courage que ses adversaires montagnards reconnaissaient volontiers.

Conduite au pied de la guillotine le 8 novembre 1793, Manon Roland s'incline devant la statue de la Liberté et prononce cette superbe phrase : « O liberté, que de crimes on commet en ton nom ! » En cet endroit rebaptisé depuis peu place de la Révolution — et qui deviendra place de la Concorde en 1795 — on venait de détruire la statue de Louis XV (11 août 1792). Elle avait été remplacée par une effigie de la Liberté coiffée d'un bonnet rouge (une œuvre en plâtre et maçonnerie recouverte d'une peinture couleur bronze). Apprenant l'exécution de son épouse, Jean-Marie Roland se suicidera le 15 novembre 1793.

Oui, mais...

Valéry Giscard d'Estaing. Paris, 10 janvier 1967.

Chacun fourbit ses armes. Les élections législatives de mars 1967 approchent. Valéry Giscard d'Estaing n'oublie pas qu'il a été évincé du gouvernement de Georges Pompidou un an plus tôt. Lors d'un remaniement ministériel, il a en effet perdu les Finances au profit de Michel Debré (il retrouvera ce portefeuille en 1969).

Valéry Giscard d'Estaing — qui vient de fonder les Républicains indépendants — monte alors au créneau dans l'optique de ces élections législatives qui se profilent pour le mois de mars. Au cours d'une conférence de presse, il présente le programme de sa formation. Bien évidemment, Giscard ne souhaite pas se joindre au « non » de ceux qui veulent renverser la Ve République (Parti communiste et Fédération de la gauche). Mais il ne veut pas davantage s'associer à « un oui sans réserve de la politique actuelle ». Alors il invente la voie du « oui, mais... »

Tout en restant un allié des gaullistes, Valéry Giscard d'Estaing explique que son parti « souhaite participer activement et librement » à l'élaboration de la politique menée. Mais il parle « du désir d'ajouter certaines orientations fondamentales pour l'avenir ». Giscard pense notamment à un infléchissement plus libéral et à la construction européenne.

Deux modestes petits mots, simples, banals et courts qui vont pourtant produire un joyeux tintamarre dans le microcosme médiatique qui commence à prendre goût aux « petites phrases ». Le lendemain, au cours du conseil des ministres, le général de Gaulle, autre orfèvre en bons mots, renchérit : « On ne gouverne pas avec des mais ! » En fin connaisseur, de Gaulle avait-il apprécié la saillie de Giscard au point de l'honorer d'une astucieuse réplique ? Quoi qu'il en soit, ces deux expressions restent indissociables.

Au terme du second tour des législatives (12 mars 1967), les candidats qui se réclament de la Ve République l'emportent d'extrême justesse (244 sièges sur 486). Notamment grâce à l'apport du « oui, mais... » de Valéry Giscard d'Estaing qui remporte ici une indéniable victoire personnelle. Mais il y a d'autres « vainqueurs » : le Parti communiste passe de 41 à 73 députés et la Fédération de la gauche de 91 à 116 élus. Ce soir-là, tout le monde semblait satisfait !

Deux bonnes années plus tard, de Gaulle propose aux Français un référendum ambigu visant à réformer le Sénat et à organiser une nouvelle forme de régionalisation. Le 27 avril 1969, le succès du « non » (52,41 % des suffrages) conduit immédiatement le général à publier un célèbre communiqué, à minuit onze, depuis Colombey-les-Deux-Eglises : « Je cesse d'exercer mes fonctions de président de la République. Cette décision prend effet aujourd'hui à midi. »

Pendant la campagne de ce référendum, Valéry Giscard d'Estaing — décidément passé maître dans le maniement subtil d'un modeste mot de trois lettres ! —, avait annoncé, « avec regret mais avec certitude », qu'il ne pourrait « dire oui ». De son côté, Georges Pompidou (ancien Premier ministre démissionné le 10 juillet 1968 et « en réserve de la République ») s'était contenté d'assurer le service minimum pendant les semaines qui précédèrent le scrutin. Il avait même confié qu'il ferait acte de candidature si le général venait à démissionner. Pompidou sera élu président de la République le 15 juin 1969 (58,21 % des voix, au second tour, face à Alain Poher).

Jacques Chaban-Delmas rejoint alors l'hôtel Matignon. Quant à Valéry Giscard d'Estaing, le poids de son « oui, mais... » suivi de sa difficulté à « dire oui » lui permettent d'obtenir le ministère de l'Economie et des Finances !

Ouvrez ! Ouvrez ! C'est l'infortuné roi de France.

Philippe VI. Près de Crécy, 26 août 1346.

Entre 1338 et 1453, la guerre de Cent Ans, succession de campagnes militaires et de trêves, oppose les deux plus grandes puissances de l'Occident chrétien du moment, la France et l'Angleterre. A l'origine de ces conflits, le mariage d'Henri II d'Angleterre et d'Aliénor d'Aquitaine en 1152. Conséquence de cette alliance, les rois anglais accèdent au titre de duc d'Aquitaine ou de Guyenne. Selon les périodes, outre la Guyenne (sensiblement la Gironde actuelle), ce fief comprend Limousin, Quercy, Périgord, Agenois et une partie de la Saintonge et de la Gascogne.

En 1259, soucieux d'établir une paix durable, Louis IX (1214-1270) abandonne la jouissance de la Guyenne aux Anglais. Dès lors, la situation ne manque pas d'originalité puisque le possesseur de la province doit prêter hommage au roi de France. Autrement dit, le monarque anglais devient un banal vassal du souverain français ! Par la suite, les souverains d'outre-Manche tenteront de se soustraire à leurs obligations de dépendance, tandis que les Français n'auront de cesse que de grignoter des morceaux de cette province.

Au XIVe siècle, cet affrontement féodal se double d'un événement majeur. Charles IV (1294-1328), troisième fils de Philippe le Bel, meurt sans héritier masculin. La lignée directe des Capétiens s'éteint. S'ouvre donc une querelle de succession où s'opposent deux candidats. D'un côté, Edouard III d'Angleterre, petit-fils de Philippe le Bel (en effet, le père d'Edouard III avait épousé Isabelle, fille du monarque français) ; de l'autre, Philippe VI de Valois, neveu de Philippe le Bel par son père.

Sans grande surprise, les barons désignent Philippe VI pour succéder au dernier Capétien. Evidemment, son rival malheureux — mais toujours duc de Guyenne ! — renâcle à prêter hommage au nouveau roi de France. L'affaire se réglera péniblement en 1331. Mais les incidents continuent de se multiplier à propos de la

Guyenne, réduite cette fois à une portion congrue. De surcroît, Philippe VI de Valois prend un malin plaisir à s'immiscer dans le conflit écossais : il soutient David Bruce, adversaire du petit protégé d'Edouard. Attitude qui n'arrange évidemment rien. La guerre ouverte devient inévitable.

Les hostilités se soldent tout d'abord par la cuisante défaite de la flotte française à L'Ecluse, près de Bruges (juin 1340). Puis le conflit rebondit avec la guerre de Succession de Bretagne (1342) et il s'intensifie de nouveau en 1346. Les combats se déroulent alors sur deux fronts : la Flandre et la Guyenne.

Toujours aussi déterminé, Edouard III débarque à Saint-Vaast-la-Hougue (Nord Cotentin). Il prend la ville de Caen, passe la Somme et inflige aux troupes royales une sévère défaite à Crécy, près d'Abbeville (août 1346). Philippe VI montre là un réel courage physique au combat. Mais la cavalerie française se brise littéralement sur les vagues incessantes des flèches ennemies, archers et arbalétriers anglais rivalisant ici d'habileté. De plus, Edouard III dispose de canons. Une grande première sur un champ de bataille occidental.

Finalement, entouré d'une poignée de fidèles, Philippe VI se décide à rebrousser chemin. Il chevauche en pleine nuit et arrive devant le pont relevé du château de La Broye. Le roi fait alors appeler le seigneur du lieu qui se présente finalement au haut d'une tour : « Qui va là à cette heure ? » Et le roi lui-même de s'écrier : « Ouvrez ! Ouvrez ! C'est l'infortuné roi de France. »

Il ne croyait pas si bien dire. La défaite de Crécy allait entraîner le siège de Calais. Puis sa perte en 1347, tandis que son rival débarque en Bretagne la même année. Quant à la peste noire (1347-1348) et à la famine qui s'ensuit (1349), elles feront des dizaines de milliers de victimes. A sa mort en 1350, Philippe VI de Valois, discrédité, laisse un royaume en piteux état, ruiné et dévasté.

P

Paris vaut bien une messe.

Attribué à Henri IV. Juillet 1593.

Vif, observateur, truculent et courageux, Henri IV cache sous sa faconde sincère la ruse d'un patient et subtil politicien. Il accède au trône de France à la mort d'Henri III (poignardé en août 1589). Roi de Navarre et chef des protestants, le souverain doit cependant affronter la hargne de la Sainte Ligue, une association de catholique fanatiques, dirigée par le duc de Mayenne. Non seulement la Ligue ne peut se soumettre à un monarque huguenot, mais elle veut aussi venger la mort de son chef (le duc de Guise) assassiné à Blois sur l'ordre d'Henri III (décembre 1588). Celui-là même qui s'était immédiatement associé à Henri de Navarre en le désignant comme son successeur officiel. Voir : « *Il est encore plus grand mort que vivant.* »

Pour Henri IV, la partie ne s'annonce pas gagnée d'avance. La Ligue fulmine. Et, surtout, elle résiste grâce à l'aide généreuse de Philippe II d'Espagne. Le souverain mène alors une campagne de reconquête. Il écrase ses adversaires à Arques (septembre 1589), puis à Ivry-la-Bataille (mars 1590). Progressivement, Henri IV reprend l'avantage dans le pays de Caux, en Champagne, en Dauphiné et en Provence. Mais ces succès royaux ne masquent pas l'échec devant Rouen et Paris, solidement tenus par la Ligue. Henri IV perçoit clairement que de nouveaux ralliements à sa cause ne suffisent plus. Il lui faut désormais accomplir un acte politique d'envergure. De ceux qui marquent à jamais l'histoire.

Aussi Henri IV décide-t-il de se convertir au catholicisme. L'abjuration solennelle a lieu le 25 juillet 1593, à la basilique Saint-Denis. Le souverain jure « devant la face du Dieu tout-puissant, de vivre et mourir en la religion catholique, de la protéger et défendre encore et contre tous, au péril de son sang et de sa vie, renonçant à toutes les hérésies contraires ».

La légende veut que le populaire Henri IV ait convaincu ses conseillers les plus réticents par cette célèbre formule, laconique et désenchantée : « Paris vaut bien une messe. » Probablement apocryphe, le mot a néanmoins gagné ses galons d'aphorisme.

Eminemment politique, le geste d'Henri IV allait marquer une opinion épuisée par trois décennies de guerre civile et lassée par l'acharnement de la Ligue qui craignait par-dessus tout la conversion du souverain. A juste titre ! Sacré à Chartres en février 1594, Henri IV entre dans la capitale un mois plus tard. En avril 1598, il promulgue l'édit de Nantes qui reconnaît le catholicisme comme religion d'Etat, mais qui confère aux réformés les garanties élémentaires d'exercice du culte.

Père, gardez-vous à droite ! Père, gardez-vous à gauche !

Philippe le Hardi. Maupertuis, 19 septembre 1356.

Jean II (1319-1364) avait été marié dès l'âge de treize ans. Son père, Philippe VI de Valois (1293-1350), lui avait fait épouser Bonne de Luxembourg, fille du roi de Bohême. Dix enfants naîtront de cette union (sept survivront). Mais Bonne meurt de la peste en 1349. Elle ne sera donc jamais reine puisque son époux ne monte sur le trône de France qu'en 1350.

La guerre contre les Anglais reprend en Guyenne et Gascogne. Le prince de Galles ravage impunément la région. Aussi, n'écoutant que son légendaire courage, Jean II se lance dans une impitoyable chasse à l'ennemi. Une bataille décisive se déroule alors à Maupertuis, près de Poitiers (19 septembre 1356).

Le Prince Noir, l'un des plus brillants généraux de la guerre de Cent Ans (fils d'Edouard III d'Angleterre), prend astucieusement position sur un plateau qui domine les troupes de Jean II. Toutefois, le souverain français ne veut pas s'avouer vaincu. Téméraire aux limites de l'inconscience, il lance plusieurs vagues successives de sa cavalerie à l'assaut de cette inaccessible position, sans s'embarrasser des règles les plus élémentaires de la stratégie militaire. Evidemment, les archers britanniques font une nouvelle fois merveille.

Comme à l'accoutumée en de pareilles circonstances,

Jean II participe à l'action. Hache à la main, il se bat avec acharnement. Agé d'à peine quatorze ans, son quatrième fils, Philippe, hurle des conseils au milieu de la sanglante mêlée. Dont ce cri célèbre : « Père, gardez-vous à droite ! Père, gardez-vous à gauche ! »

La vaillance et l'enthousiasme ne suffisent pas toujours. A l'issue du désastre, les Anglais capturent Jean II et son fils Philippe. Mais les deux hommes décrochent, à l'occasion de cette bataille, l'admiration de leurs soldats. Le Prince Noir manifeste même un réel respect face à l'intrépide roi de France qui sera désormais surnommé Jean le Bon — le terme Bon prenant ici le sens de Brave. De son côté, son fils Philippe se verra affubler du qualificatif de Hardi.

Libéré par le traité de Brétigny (1360), Jean II rentre en France. Mais, au terme de l'accord signé, il doit laisser l'un de ses fils en otage, Louis, duc d'Anjou. Manquant à sa parole, ce dernier s'enfuit (1363). Vexé de ce comportement inadmissible, Jean le Bon aurait déclaré : « La bonne foi devrait se trouver au cœur des rois », avant de se constituer lui-même prisonnier en Angleterre. Il meurt à Londres l'année suivante.

Pourquoi pleurez-vous ? M'avez-vous cru immortel ?

Louis XIV. Versailles, 1er septembre 1715.

Agé de soixante-dix-sept ans, le Roi-Soleil sent la mort qui approche depuis déjà quelques mois. Mais Louis

XIV reste digne et serein. Tous ses proches en témoigneront largement. Et, dans ses dernières conversations, il laisse même poindre parfois une touche d'humilité.

En ce 1er septembre 1715, Louis XIV a fait venir son arrière-petit-fils, le futur Louis XV. Le gamin n'a que cinq ans, l'âge de Louis le Grand lorsqu'il avait lui-même succédé à son père Louis XIII. Mme de Maintenon (son épouse depuis la mort de Marie-Thérèse d'Autriche en 1683) et quelques membres privilégiés de la cour entourent le souverain.

Des témoins diront que Louis XIV regretta ses guerres sanglantes. En embrassant tendrement le dauphin, il aurait également lâché : « Vous serez un grand roi. » Mais, tandis qu'il avoue à Mme de Maintenon qu'il imaginait la mort « plus difficile que cela », Louis XIV aperçoit des courtisans qui peinent à dissimuler leurs larmes. Il dit alors avec douceur : « Pourquoi pleurez-vous ? M'avez-vous cru immortel ? »

Q

Quand le bâtiment va, tout va.

Martin Nadaud. Paris, 5 mai 1850.

Plus de 74 % des voix ! Le 10 décembre 1848, le candidat du parti de l'Ordre, Louis Napoléon Bonaparte, devient président de la République au suffrage universel. En mai 1849, les législatives envoient au Parlement une Assemblée unique de sept cent cinquante députés. De 16 % un an plus tôt, l'abstention passe à 32 %. La droite triomphe et les républicains modérés sortent vaincus du scrutin (Lamartine n'est même pas réélu). Quant aux nouveaux Montagnards de la gauche démocrate-socialiste, ils tirent tant bien que mal leur épingle du jeu.

Ouvrier maçon, Martin Nadaud appartient au groupe montagnard de l'Assemblée élue en 1849. Député de la Creuse, il prononce un discours à la tribune le 5 mai 1850. Il explique très concrètement : « Vous le savez, à Paris, lorsque le bâtiment va, tout profite de son activité. »

Ce propos sera ensuite ramassé en une formule plus percutante : « Quand le bâtiment va, tout va. » Nadaud devra s'exiler après le coup d'Etat du 2 décembre 1851 qui conduira, un an plus tard, à la proclamation de l'Empire.

Que d'eau ! Que d'eau !

Edme de Mac-Mahon. Toulouse, 1875.

Au moment des spectaculaires inondations provoquées par la crue de la Garonne, le maréchal de Mac-Mahon, alors président de la République, se rend dans la ville de Toulouse, durement touchée par la catastrophe. A court d'inspiration, le maréchal-président se contente de ce commentaire devant l'étendue des dégâts : « Que d'eau ! Que d'eau ! »

La presse d'opposition s'empare aussitôt de cette maladresse qui met une nouvelle fois en évidence les insoupçonnables aptitudes de gaffeur du héros de la guerre de Crimée.

Qu'ils chantent ! Pourvu qu'ils paient.

Mazarin. 1648.

D'origine italienne, Mazarin passe de l'armée pontificale à la diplomatie. Chargé d'une mission en France, il rencontre le cardinal de Richelieu, alors au faîte de sa gloire, en 1630. Quelques années plus tard, le principal ministre de Louis XIII prend Mazarin sous son aile protectrice lorsqu'il devient ambassadeur du Saint-Siège dans la capitale (1635-1636). Il le fait même nommer cardinal alors que le jeune nonce n'a jamais été ordonné prêtre !

A la mort de Richelieu (1642), le souverain confie la direction du Conseil à Mazarin. Quelques mois plus tard, lorsque Louis XIII s'éteint, le cardinal reste aux côtés de la régente, Anne d'Autriche. Et, même lorsque Louis XIV atteint la majorité, il laisse gouverner Mazarin jusqu'à la mort de ce dévoué cardinal-ministre (1661).

En 1648, le traité de Westphalie met fin à la guerre de Trente Ans. Ce conflit d'origine religieuse, né dans le Saint Empire romain germanique, avait rapidement gagné une grande partie de l'Europe. Entrée en guerre en 1635, la France laisse un lourd tribut dans la bataille. En outre, elle doit poursuivre l'offensive contre l'Espagne. Aussi faut-il, une fois encore, renflouer les caisses de l'Etat.

Mazarin lève donc des impôts en cette année 1648. Mais ces mesures fiscales ne sont point du goût du Parlement de Paris qui tente de limiter le pouvoir royal. Une période de troubles profonds commence : la Fronde. Mazarin résiste à la pression populaire et à une pluie sans précédent de libelles haineux qui prennent d'ailleurs le nom de « mazarinades ». Ces écrits vengeurs ne semblent pas déstabiliser le ministre. Malgré la vague de protestations en tout genre, le cardinal laisse cyniquement tomber : « Qu'ils chantent ! Pourvu qu'ils paient. »

La Fronde (Fronde parlementaire, puis Fronde des princes) durera jusqu'en 1652. Elle va contraindre la cour à se réfugier à Saint-Germain-en-Laye (1649) et Mazarin à s'exiler un temps en Rhénanie. Mais il sortira vainqueur de cette épreuve qui va finalement conforter le pouvoir royal.

Qui m'aime me suive !

Philippe VI. 1328.

A la mort de Charles IV (1294-1328), la lignée directe des rois capétiens s'éteint. Certes, la troisième épouse du défunt (Jeanne d'Evreux) doit prochainement accoucher, mais les barons confient sans attendre la régence à Philippe, comte de Valois, du Maine et d'Anjou (futur Philippe VI) dès le 1er février 1328, c'est-à-dire au lendemain même de la mort du souverain. Deux mois plus tard, Jeanne donne naissance à une fille et le royaume se trouve donc confronté à un délicat problème de succession.

Deux principaux candidats vont s'affronter : d'un côté, Philippe VI de Valois, neveu de Philippe IV le Bel (1268-1314) ; de l'autre, Edouard III d'Angleterre, petit-fils de Philippe IV. Le souverain britannique argue en effet que son père a épousé Isabelle, fille de Philippe le Bel. Mais les barons confirment rapidement leur préférence et désignent Philippe VI qui est sacré à Reims en mai 1328. Cette affaire rondement menée porte néanmoins en germe les conflits à venir.

Dès le mois de juin 1328, Louis de Nevers, comte de Flandre, doit mater la rébellion des bourgeois flamands, qui ont sollicité l'appui d'Edouard III. Et Louis de Nevers appelle à la rescousse le jeune souverain français.

Immédiatement, Philippe VI se dit prêt à aller porter secours au comte de Flandre. Cependant, les barons montrent moins d'enthousiasme. De son côté, le connétable du royaume, Gautier de Châtillon, a prouvé un loyalisme sans faille dans l'épisode de la succession (le connétable, grand officier de la Couronne, chef suprême de l'armée, tient tous les hauts seigneurs sous sa coupe). Aussi, Châtillon tente-t-il de galvaniser son monde : « Qui a bon cœur trouve toujours bon temps pour la bataille. » Séduit par la formule et rassuré par l'attitude de son connétable, le roi s'enflamme à son tour : « Qui m'aime me suive ! »

Philippe VI et ses barons se lancent alors dans la campagne de Flandre. Le 23 août, regroupés sur le mont Cassel, les rebelles narguent celui qu'ils appellent le « roi trouvé ». Mais les forces royales remportent une victoire éclatante.

R

Ralliez-vous à mon panache blanc !

Henri IV. Ivry-la-Bataille, 14 mars 1590.

La guerre de succession a bel et bien eu lieu ! Elle opposait les trois Henri : le roi en place, Henri III ; le chef de la Ligue (association de catholiques extrémistes), Henri de Guise, et le chef des huguenots, Henri de Navarre.

Réfugié à Blois, Henri III attire son rival ligueur dans un guet-apens. Le 23 décembre 1588, le duc de Guise tombe sous les coups de poignard des derniers fidèles du souverain qui décide alors de se rapprocher d'Henri de Navarre. Soucieux de préserver l'unité du pays, le monarque unit volontiers ses troupes à celles du huguenot. Objectif commun : poursuivre le combat contre le fanatisme de la Ligue catholique, désormais dirigée par le duc de Mayenne.

Mais le dernier roi de la lignée des Valois n'aura pas le temps de participer à la reconquête de la capitale. Un moine dominicain assassine Henri III au camp royal de Saint-Cloud (août 1589).

Officiellement désigné par Henri III, Henri de Navarre accède au trône de France. Mais il n'obtient bien évidemment pas la reconnaissance des catholiques fanatiques. Moralement vaincue, la Ligue ne désarme pas. D'autant qu'elle reçoit l'aide de Philippe II d'Espagne qui, sans regimber, lui fournit hommes, armes et subsides. Henri IV doit donc se résigner à l'action pour affirmer sa légitimité. Le 21 septembre 1589, son habileté fait merveille. Il écrase ses adversaires à Arques (près de Dieppe).

Le 14 mars 1590, Henri IV affronte les ligueurs à Ivry-la-Bataille (Eure). Constatant sur le terrain une nette infériorité numérique de sa cavalerie, Henri IV harangue ses troupes avec fougue : « Mes compagnons ! Dieu est pour nous. Voici ses ennemis et les nôtres. Voici votre roi ! Si vos cornettes vous manquent, ralliez-vous à mon panache blanc ! Vous le trouverez au chemin de la victoire et de l'honneur. »

Et, dans une charge où la violence le dispute à l'héroïsme, Henri IV remporte à Ivry une nouvelle victoire, prouvant ainsi que ce souverain ne manquait décidément pas... de panache. Mais il lui faudra attendre le 22 mars 1594, un mois après son sacre de Chartres, pour que s'ouvrent enfin devant lui les portes de Paris.

La réforme, oui, la chienlit, non !

Charles de Gaulle. Paris, 19 mai 1968.

En avril 1968, forces de l'ordre et étudiants s'affrontent violemment au Brésil (le 4) et à Berlin (le 11). Puis la fièvre gagne Paris. Dès les premiers jours du mois de mai, la contestation s'organise. Aussi bien dans les rangs estudiantins que dans ceux des syndicats ouvriers.

Tout s'enchaîne rapidement après le défilé (sans incident) CGT-PC du 1er mai. Le 2, Daniel Cohn-Bendit anime une « journée anti-impérialisme » à Nanterre. Le 3, la police évacue la Sorbonne. Le 6, les premières barricades prennent forme au Quartier latin après la fermeture des facultés. Les 7 et 8 mai, environ trente mille étudiants marchent dans Paris. Le 9, l'agitation gagne Dijon, Lyon, Nantes, Rennes et Strasbourg.

Point d'orgue de l'émeute, le vendredi 10 mai. Ce jour-là, une soixantaine de barricades sont érigées dans la capitale. Pendant la nuit, à 2 h 15 du matin, les CRS attaquent les barrages symboliques de la rue Gay-Lussac. Résultat : 80 voitures brûlées et 367 blessés graves, dont 251 chez les forces de l'ordre.

Cette offensive policière entraîne immédiatement une autre conséquence : les syndicats appellent à la grève générale pour le lundi 13 mai. Et, même si Georges Pompidou (alors Premier ministre) décide de rouvrir la Sorbonne, quelques dizaines de milliers d'étudiants défilent ce jour-là de la République à Denfert-Rochereau.

Dans le cortège, François Mitterrand côtoie Pierre Mendès France, Guy Mollet et Waldeck Rochet.

La Sorbonne est décrétée « commune libre » et Nanterre « faculté autonome » le 14. Le lendemain, Jean-Louis Barrault, directeur de l'Odéon, s'associe aux insurgés venus occuper son théâtre, tandis que la révolte prend corps en Italie avec l'occupation de l'université de Milan.

Après deux semaines de bouillonnements échevelés, le mouvement soixante-huitard franchit une nouvelle étape le 16 mai. Ce jeudi-là, le drapeau rouge flotte à Flins, car les usines de la Régie Renault entrent en grève. La CGT exige alors une réduction du temps de travail et des augmentations de salaire. L'appoint du personnel de la RATP et de la SNCF contribue à achever la paralysie totale du pays.

Alors en visite pour quatre jours à Bucarest (Roumanie), le général de Gaulle avance son retour de vingt-quatre heures. Arrivé à Paris le dimanche 19 mai, il convoque sans attendre un conseil restreint où se rendent Georges Pompidou (Premier ministre), Pierre Messmer (ministre des Armées), Christian Fouchet (ministre de l'Intérieur), Georges Gorse (ministre de l'Information) et Maurice Grimaud (préfet de police).

Après avoir écouté ses principaux interlocuteurs commenter la situation, de Gaulle conclut par un méprisant : « Péripéties que tout cela, mais qui n'ont que trop duré... La réforme, oui, la chienlit, non ! Il faut que cela se sache. » Et cela va se savoir ! Car Georges Pompidou se charge immédiatement, dans la cour de l'Elysée, de rapporter les propos du Président aux journalistes. Leur impact va dépasser toutes les espérances du général.

Outre qu'elle marque une incontestable volonté politique, la phrase produit l'effet escompté grâce à ce petit mot anodin : chienlit. Pendant une semaine, ce modeste substantif — il faut le reconnaître, fort peu usité — écarte certains commentateurs de l'essentiel. Les Français se plongent dans les dictionnaires. Journalistes de la presse écrite et radiophonique s'en donnent à cœur joie pour analyser et disséquer le propos gaullien. Certains vont même jusqu'à débattre du bien-fondé de son utilisation dans un tel contexte !

On connaît la suite. Le franc s'effondre, les ménagères stockent sucre et café, les capitaux se réfugient en Suisse, l'essence commence à manquer... Il n'y a plus ni facteurs ni éboueurs dans Paris et la France compte dix millions de grévistes sur 14,8 millions de salariés.

Toutefois, la situation va s'inverser en quelques jours. Pompidou, patronat et centrales ouvrières négocient les fameux accords de Grenelle (25 au 27 mai). Et puis, le 29 mai : mystère ! Le général de Gaulle disparaît. Le président de la République se rend outre-Rhin. A Baden-Baden, il rencontre le général Massu qui commande les forces françaises en Allemagne.

A ce jour, personne ne connaît avec exactitude la réalité des propos échangés entre les deux militaires. Accompagné de son épouse, on sait de Gaulle très désemparé lorsque son hélicoptère touche le sol allemand. Beaucoup disent que Massu se serait contenté de regonfler le moral du chef de l'Etat, au point que celui-ci saute dans son Alouette 3 le soir même.

Le lendemain, de Gaulle annonce la dissolution de l'Assemblée nationale, tandis qu'une manifestation de soutien au général réunit plusieurs centaines de milliers de Parisiens sur les Champs-Elysées.

Le 30 juin, le second tour des législatives débouche

sur un véritable raz de marée gaulliste : 358 sièges sur 485 députés. L'année suivante, la France dira non à de Gaulle lors du référendum (27 avril 1969) ce qui va entraîner la démission immédiate du général et sa retraite à Colombey-les-Deux-Eglises.

La république a bien de la chance ! Elle peut tirer sur le peuple.

Louis-Philippe. Angleterre, juillet 1848.

La révolte gronde. Le peuple ne supporte plus l'arrogance de la bourgeoisie et des financiers dont la puissance ne fait que croître et embellir. Profitant du développement du machinisme et des chemins de fer, une caste monopolise les richesses naissantes au détriment d'ouvriers qui réclament légitimement leur part du gâteau.

L'austère François Guizot, le chef du gouvernement, reste insensible à la pression des chefs de l'opposition qui mènent leur « campagne des banquets » à travers la France pour réclamer des réformes en mobilisant l'opinion. Louis-Philippe tergiverse. Il sous-estime l'ampleur du mécontentement et refuse d'abaisser le cens électoral (seuil d'imposition ouvrant le droit de vote).

Le feu couve dans Paris. Le 22 février, une manifestation se transforme en émeute. Le 23, les premiers coups de feu claquent. Louis-Philippe décide alors de congédier

Guizot, mais la garde nationale se range du côté des manifestants. La révolution de 1848 est en marche. Dans la nuit, de violents affrontements tuent cinquante-deux personnes dans les rangs des insurgés. Le lendemain, malgré les consignes de fermeté du maréchal Bugeaud, la troupe fraternise avec la population. Le dernier roi des Français abdique le 24 février.

Le soir même, un gouvernement provisoire (notamment composé de Lamartine, Ledru-Rollin, Louis Blanc et Arago) proclame la naissance de la IIe République. Louis-Philippe, lui, s'enfuit en Angleterre.

Avec le suffrage universel direct (réservé seulement aux hommes) immédiatement instauré par les républicains enthousiastes, le corps électoral passe de deux cent mille à neuf millions de personnes. Mais le 23 avril, le scrutin accouche d'une Assemblée de sensibilité conservatrice, modérée et globalement hostile à toute intervention de l'Etat dans le secteur social. Aussi les députés décident-ils de fermer les ateliers nationaux d'inspiration autogestionnaire (21 juin). Créés quatre mois plus tôt sous l'impulsion de Louis Blanc, ils avaient le mérite de fournir du travail aux cent mille chômeurs parisiens. Cette malheureuse initiative déclenche immédiatement une nouvelle insurrection (23-26 juin).

Férocement réprimée par le général Louis-Eugène Cavaignac (ministre de la Guerre qui a reçu les pleins pouvoirs d'une Assemblée affolée), l'émeute se solde par un effroyable bilan : quatre mille victimes chez les insurgés, mille six cents dans les rangs des forces de l'ordre.

La violence de cette répression fait sortir Louis-Philippe de son mutisme. Réfugié en Angleterre, l'ancien souverain lâche un dernier commentaire sardonique :

« La république a bien de la chance ! Elle peut tirer sur le peuple. » Ce propos railleur ne manquait finalement pas d'une certaine lucidité. Car jamais la IIe République ne saura obtenir l'indispensable soutien du peuple après le bain de sang de 1848.

S

Si cela va sans dire, cela ira encore mieux en le disant.

Talleyrand. Vienne, 6 octobre 1814.

Les coalisés donnent un assaut victorieux à Leipzig (octobre 1813), Paris capitule (31 mars 1814), Napoléon abdique (6 avril). L'Empire a vécu ! Le traité de Paris entérine la défaite (30 mai) et redonne grosso modo à la France ses frontières de 1792. Quant à Napoléon Ier, il va cultiver son « carré de légumes ». C'est ainsi que Chateaubriand qualifie ironiquement son exil à l'île d'Elbe.

Emigré à Coblence depuis juin 1791, Louis XVIII (frère de Louis XVI) installe sans tarder une monarchie constitutionnelle. Toutes les cours d'Europe respirent et croient enfin à la paix retrouvée. Reste à statuer sur un partage du Vieux Continent lors d'un congrès qui doit se tenir à Vienne entre les alliés : Angleterre, Autriche,

Prusse et Russie. Il est également prévu que la France ait un représentant-observateur en la personne de l'inusable Talleyrand.

Dès octobre 1814, les délégations discutent de la date d'ouverture du congrès. Le prince de Metternich (Autriche) propose que les débats commencent en novembre. Talleyrand y consent, mais il exige que l'ouverture du congrès se fasse « conformément aux principes du droit public ». Ce qui provoque immédiatement un joli tohubohu. Après un court instant, la clameur s'atténue et le prince de Hardenberg (Prusse) interpelle alors Talleyrand avec vigueur : « Non, monsieur, le droit public, c'est inutile. Pourquoi dire que nous opérons selon le droit public ? Cela va sans dire. » Imperturbable, le diplomate claudiquant lance cette superbe réponse, devenue aujourd'hui aphorisme : « Si cela va sans dire, cela ira encore mieux en le disant. »

Le congrès de Vienne va donc se dérouler de novembre 1814 au 9 juin 1815. Ouverte par mille coups de canon, cette conférence débouche sur un nouveau découpage de l'Europe. Mais elle donne lieu aussi à un prodigieux déploiement de festivités (bals, banquets, ballets, réceptions, festivals populaires).

Musicien officiel du congrès, Beethoven dirige en personne la septième symphonie (écrite deux ans auparavant) et *Fidelio*. Le maître voulut-il ce clin d'œil ? En effet, le 20 novembre 1805, Beethoven avait donné la première représentation de *Fidelio* (sous le titre *Léonore*) devant un parterre d'officiers français qui, à l'époque, occupaient Vienne !

Le dernier sursaut de Napoléon Ier, échappé de son potager de l'île d'Elbe pour la période des Cent-Jours, ne fera qu'accentuer les dispositions de l'acte final du congrès de Vienne visant à l'affaiblissement politique et économique de la France.

Si j'y eusse été avec mon épée, je l'eusse tué.

Louis XIII. 14 mai 1610.

La France panse ses plaies. Sous l'impulsion du populaire Henri IV et de son principal conseiller, le duc de Sully, le royaume commerce, plante et cultive. Chacun travaille au redressement économique d'une nation affaiblie par trente années de guerre civile. Car avec l'édit de Nantes (13 avril 1598), Henri IV avait enfin mis un terme au conflit qui déchirait catholiques et protestants.

Malheureusement, la tolérance ne se décrète pas ! Et il reste toujours quelques illuminés, fanatiques ou intégristes assoiffés de vengeance. Ainsi, le 14 mai 1610, à la faveur d'un embarras de la circulation qui bloque le carrosse royal dépourvu de toute escorte, François Ravaillac se précipite sur la voiture et assassine le bon roi Henri. Sans ensuite chercher à fuir.

En hâte, le cocher ramène son attelage au palais du Louvre. Trop tard ! Les deux violents coups de couteau portés à la poitrine ont instantanément tué le souverain. On annonce alors la triste nouvelle au dauphin, âgé d'à peine neuf ans. Marie de Médicis sanglote à ses côtés en répétant : « Le roi est mort ! » Alors, le chancelier l'interrompt en désignant le jeune garçon : « Les rois ne meurent point en France. Voici le roi vivant, Madame ! »

Effectivement déjà monarque en cet instant, Louis XIII prononce cette merveilleuse réplique qui sonne comme une authentique bravade d'enfant : « Si j'y eusse été avec mon épée, je l'eusse tué. »

On ne saura jamais la vérité sur l'assassinat du père du jeune Louis XIII. Sous la plus ignoble torture, Ravaillac maintient avoir agi seul. Néanmoins, certains historiens penchent pour la thèse d'un complot ourdi par l'Autriche et l'Espagne. D'autres voient en Ravaillac un ultracatholique influençable et astucieusement inspiré par le duc d'Epernon (gouverneur d'Angoulême hostile à Henri IV). Enfin, d'aucuns accusent pêle-mêle : la reine (Marie de Médicis), Concini (il exercera, aux côtés de Marie de Médicis, une régence avide et tyrannique de 1611 à 1617), les jésuites ou Henriette d'Entragues (favorite délaissée par le roi).

Quoi qu'il en soit, l'enquête officielle, ordonnée au lendemain de la mort du souverain, sera rapidement ajournée « vu la qualité des accusés ». Et tous les documents concernant cette affaire disparaîtront dans un incendie suspect en 1618.

S'ils n'ont pas de pain, qu'ils mangent de la brioche !

Attribué injustement à Marie-Antoinette. Versailles 5 octobre 1789.

Confinée dans les fastes du château de Versailles, Marie-Antoinette ne possède qu'une vision très abstraite des événements qui se déroulent dans la capitale en cet été 1789. La Bastille est tombée. Dans l'enthousiasme général, l'Assemblée constituante vient d'abolir les privilèges (4 août) et d'adopter la Déclaration des droits de l'homme et du citoyen. Mais une tension extrême s'ensuit au début de l'automne. Les moindres rumeurs colportées à l'envi peuvent mettre à tout moment le feu aux poudres.

Ainsi de ces journées d'octobre 1789... On susurre ici ou là que des soldats de la garde royale auraient piétiné une cocarde. Aussitôt, les partisans d'une révolution radicale (et non plus constitutionnelle) s'activent. Car les prix augmentent, le pain commence à manquer et les difficultés de la vie quotidienne s'accumulent. Le 5 octobre, des milliers de femmes surexcitées se dirigent alors vers le château de Versailles.

Dans l'affolement général, on aurait donc fait dire à la reine qui s'inquiétait des raisons qui suscitaient cette émeute : « S'ils n'ont pas de pain, qu'ils mangent de la brioche. » A l'évidence, cette phrase ironique contribuait à alourdir le passif de l'« Autrichienne ». Et à discréditer l'épouse de Louis XVI. Certes, en insistant sur la méchanceté de Marie-Antoinette, mais en la présentant aussi comme une femme stupide.

Le lendemain, à l'aube, les portes du château sont forcées. Le souverain et son épouse doivent se montrer au balcon. Un seul cri retentit : « A Paris ! » Une fois de plus, Louis XVI cède. Un cortège conduit aussitôt le roi et les siens vers les Tuileries.

Au rythme de *La Carmagnole* reprise en chœur, tandis que certains brandissent au bout de leur pique la tête de soldats de la garde, la foule triomphante engage une marche de six longues heures. Là encore, la légende veut que des femmes aient alors spontanément lancé cette affirmation naïve : « Nous n'aurons plus jamais faim. Nous ramenons le boulanger, la boulangère et le petit mitron. »

Et comme si chacun se devait d'afficher une verve sans faille en ces deux journées historiques, Jean Bailly (1736-1793), maire de la capitale, accueille le souverain à la barrière de Chaillot en prononçant ces mots, cette fois parfaitement authentiques : « Quel beau jour, Sire, que celui où les Parisiens vont posséder Votre Majesté et sa famille ! » Tous les historiens s'accordent à penser qu'il n'y avait aucune ironie dans les propos de l'éminent astronome.

Mais revenons à la brioche. En réalité, l'auteur de la formule s'appelle... Jean-Jacques Rousseau (1712-1778). Dans ses *Confessions*, l'écrivain évoque sa période de préceptorat dans la famille de Malby. Il avoue avoir dérobé des bouteilles de vin d'Arbois, mais a toujours pour habitude de manger un peu de pain pour apprécier le nectar à sa juste valeur. Impossible pour lui de s'abaisser à aller en acheter. Rousseau raconte : « Je me rappelai le pis-aller d'une grande princesse à qui l'on disait que les paysans n'avaient pas de pain, et qui répondit : *Qu'ils mangent de la brioche.* » Manifestement, les détracteurs de Marie-Antoinette avaient étudié le philosophe genevois !

Par ailleurs, Madame Victoire (1733-1799), fille de Louis XV, aurait dit, les larmes aux yeux, tandis qu'on lui décrivait (sans relation aucune avec la Révolution) la souffrance des paysans manquant de pain : « Mais, mon Dieu, s'ils pouvaient se résigner à manger de la croûte de pâté. »

Une formule sensiblement comparable (prononcée sur le ton de l'agacement et non plus de la pitié) aurait également été entendue dans la bouche de Marie-Thérèse d'Autriche (1638-1683), épouse de Louis XIV : « Mais, mon Dieu, que ne mangent-ils de la croûte de pâté ? »

Sire, Henri IV avait reconquis son peuple. Aujourd'hui, le peuple a reconquis son roi.

Jean Bailly. Paris, 17 juillet 1789.

Membre de l'Académie des sciences pour ses remarquables travaux d'astronomie (1763), Bailly devient député de Paris au tiers état (1789). Modéré, il jouit d'une exceptionnelle popularité, tant dans l'opinion qu'auprès des intellectuels sensibles aux idées nouvelles. Aussi, lorsque le tiers se transforme en Assemblée nationale sous l'impulsion de Sieyès (17 juin 1789), Bailly accède assez naturellement à la fonction de président.

Juché sur une table dans la salle du Jeu de paume de Versailles, Bailly est donc le premier à prêter le célèbre serment stipulant que l'Assemblée ne pourrait se séparer sans avoir donné une constitution à la France (20 juin).

A Paris, la Bastille tombe (14 juillet) et, à Versailles, Louis XVI semble résigné. Le souverain donne l'ordre aux troupes d'évacuer la capitale. Le 15 juillet, le roi rappelle Necker pourtant congédié quatre jours plus tôt (renvoi qui avait provoqué un large mécontentement dans la population). Le 16 juillet, Bailly est élu maire de Paris et La Fayette commandant en chef de la garde nationale.

Le lendemain, Louis XVI pense qu'il peut encore calmer les esprits. Il décide de se rendre à l'Hôtel de Ville. Venu l'accueillir à la barrière de l'octroi, le tout nouveau maire de Paris présente au souverain les clés de la ville sur un plateau. Et le brillant astronome ne peut s'empêcher ce solennel commentaire : « Sire, Henri IV avait reconquis son peuple. Aujourd'hui, le peuple a reconquis son roi. » Un peu plus tard, à l'Hôtel de Ville, Bailly présente à Louis XVI une cocarde tricolore. Dans la foule, on entend s'élever quelques cris enthousiastes : « Vive le roi ! Vive la nation ! »

Soldats, droit au cœur !

Michel Ney. 7 décembre 1815.

Louis XVIII à peine installé, l'Empereur déchu frappe déjà à la porte ! Car tandis que le souverain restaurait en France une monarchie constitutionnelle garantie par une Charte (juin 1814), Napoléon trépigne sur son île d'Elbe. N'y tenant plus, il débarque à Golfe-Juan le 1er mars 1815. Commence ici la célèbre période des Cent-Jours. Immédiatement, le roi tente de réagir. Il lui faut un valeureux militaire pour couper la marche de l'Empereur sur Paris. Il confie cette mission à un certain Michel Ney.

Fils de tonnelier engagé dans l'armée en 1788, Michel Ney se jette à corps perdu dans les campagnes de la Révolution. Fougue, audace et témérité rythment alors une brillante carrière qui le conduit au grade de général de division (1799). Il rejoint Napoléon après le coup d'Etat du 18 brumaire. Maréchal en 1804, Ney prend rapidement place parmi les plus proches et les plus courageux chefs militaires de l'Empereur, notamment à Iéna (1806) et à Friedland (1807). Mais surtout, il se couvre de gloire pendant la terrible campagne de Russie, ce qui lui vaut le titre de prince de la Moskova. Cependant, dès l'abdication de Napoléon (6 avril 1814), Michel Ney se rallie à Louis XVIII qui le fait pair de France.

Voilà donc le maréchal Ney parti à la rencontre de l'Empereur. A priori pour en découdre puisqu'il a promis au souverain de « ramener l'usurpateur dans une cage de fer ». Mais, ce qui devait arriver... arrive. A Auxerre, le 14 mars, les deux hommes tombent dans les bras l'un de l'autre ! Ney harangue alors ses troupes, déjà largement acquises : « Officiers, sous-officiers et soldats, la cause des Bourbons est à jamais perdue ! »

Louis XVIII doit fuir à Gand et Napoléon entre dans Paris le 20 mars. S'ensuivent les ultimes combats de l'épopée impériale qui se solde par la défaite de Waterloo (18 juin 1815). Louis XVIII retrouve alors son trône.

Proscrit et accusé de trahison par les royalistes, le maréchal Ney se cache dans le Lot. Arrêté le 5 août 1815 près d'Aurillac, celui que ses soldats surnommaient affectueusement « le Rouquin » est traduit devant le conseil de guerre qui se déclare incompétent. La Chambre des pairs prend le relais. Essentiellement composée d'ultraroyalistes, elle condamne « ce héros sans cervelle » à la peine de mort, par 129 voix sur 161 votants (6 décembre 1815). Avant l'énoncé du jugement, le maréchal interrompt l'énumération de ses titres : « Passez ! Dites : Michel Ney et un peu de poussière. »

Le compagnon d'armes de Napoléon sera fusillé dès le lendemain. Non pas plaine de Grenelle, mais dans l'allée menant à l'Observatoire (sensiblement à l'endroit de l'actuelle station de métro Port-Royal).

Faisant honneur à son surnom de « Brave des braves », le prince de la Moskova refuse qu'on lui bande les yeux : « Ignorez-vous que depuis vingt-cinq ans j'ai l'habitude de regarder en face les boulets et les balles ? » Puis il enchaîne : « Je proteste, devant Dieu et la patrie, contre le jugement qui me condamne. J'en appelle aux hommes, à la postérité et à Dieu. Vive la France ! » Enfin, portant lentement la main gauche à sa poitrine, il s'écrie : « Soldats, droit au cœur ! »

Soldats, du haut de ces pyramides, quarante siècles vous contemplent.

Napoléon Bonaparte. Plaine de Gizeh (Egypte), 21 juillet 1798.

Tout auréolé des victoires de sa glorieuse campagne d'Italie (1796-1797), Bonaparte devient encombrant pour le Directoire. Sa popularité grandissante en irrite plus d'un. Aussi lui confie-t-on la mission d'inspecter les côtes (de Calais à Ostende) dans l'optique d'un éventuel débarquement en Angleterre. Mais Bonaparte comprend rapidement qu'une telle opération manque de réalisme. Il propose alors à Barras un projet d'envergure : frapper les intérêts économiques des îles Britanniques en entravant leurs échanges commerciaux avec l'Inde. Mais, pour devenir maître de la Méditerranée et contrecarrer la domination de l'ennemi héréditaire, il faut tenir l'isthme de Suez. Et donc débarquer en Egypte, pays avec lequel les négociants marseillais entretiennent d'anciennes relations marchandes.

Talleyrand soutient fermement le projet. Peu fâché de pouvoir éloigner ce remuant général du jeu politique, le Directoire accepte aussitôt l'ambitieuse proposition de Bonaparte. Et, le 19 mai 1798, un impressionnant corps expéditionnaire (trente-huit mille hommes) quitte Toulon. Outre les généraux Kléber, Lannes et Desaix, il y a là une commission composée d'artistes, d'ingénieurs et de savants (notamment Berthollet, Monge, Denon, Geoffroy Saint-Hilaire).

Le 6 juin, la flotte (trois cent trente-cinq navires de guerre et de transport) arrive devant l'île de Malte. Point stratégique sur la route des Indes, la possession des chevaliers de l'ordre hospitalier de Saint-Jean ne peut évidemment opposer qu'une résistance symbolique aux assauts d'une telle armada. Bonaparte met donc le cap sur le delta du Nil. Le 1er juillet, il débarque près d'Alexandrie qu'il prend dès le lendemain.

A cette époque sous la dépendance des Turcs, l'Egypte est occupée par les mamelouks, d'intrépides et courageux cavaliers décidés à défendre leur terre. Le 21 juillet, sous un soleil de plomb, Bonaparte et ses hommes mènent la célèbre bataille des Pyramides, dans la plaine de Gizeh (ouest du Nil). Au milieu de ce grandiose décor du delta, les terribles mamelouks ont fière allure sur leurs chevaux caparaçonnés. Très mobiles sur le champ de bataille, ils brandissent avec fougue des sabres impressionnants. Manifestement, ils ne manquent ni de vaillance ni d'audace.

Alors, pour galvaniser ses hommes un temps déroutés par le théâtre des opérations, Bonaparte aurait eu ce mot : « Soldats, du haut de ces pyramides, quarante siècles vous contemplent. » Effet ou non de la harangue du général ? Personne ne peut le dire. Quoi qu'il en soit, dépourvue d'artillerie, la cavalerie musulmane se brise rapidement contre l'armée française. Le lendemain, Le Caire capitule et Bonaparte y installe son quartier général le 24 juillet.

Mais la campagne d'Egypte va se solder par une cuisante défaite. En effet, dès le 1er août, l'amiral anglais Nelson attaque par surprise la flotte française ancrée dans la rade d'Aboukir. Seuls deux vaisseaux et deux frégates échappent au désastre. Finalement prisonnier de sa conquête orientale, Bonaparte regagnera Fréjus le 8 octobre 1799, un mois avant son coup d'Etat.

Soldats, je suis content de vous !

Napoléon Ier. Austerlitz, 2 décembre 1805.

Le 2 décembre 1804, au cours d'une grandiose cérémonie présidée par le pape Pie VII, Bonaparte, consul à vie, devient Empereur des Français sous le nom de Napoléon Ier. Un an plus tard, jour pour jour, le 2 décembre 1805, à une centaine de kilomètres au nord-est de Vienne, se déroule la célèbre bataille dite « des trois empereurs ». A Austerlitz, l'armée napoléonienne fait face aux Autrichiens et aux Russes des empereurs François II et Alexandre Ier. D'un côté, quatre-vingt mille hommes et cent trente-neuf canons ; de l'autre, cent mille hommes et deux cent soixante-dix-huit canons.

Aujourd'hui encore, nombre de spécialistes de la manœuvre guerrière continuent d'admirer le génie militaire dont fit preuve Napoléon à Austerlitz. D'autant que le jeune empereur a forgé son succès face à des troupes supérieures en hommes et en matériels.

A l'issue de neuf heures de combat sur un front de

quinze kilomètres, l'armée napoléonienne dénombre huit mille tués ou blessés. Les troupes austro-russes en comptent le double. Le soir, Napoléon Ier fait proclamer devant ses troupes un texte qui commence par ses mots : « Soldats, je suis content de vous ! »

Cette victoire met fin à la troisième coalition (Angleterre-Autriche-Russie) et elle débouche sur le traité de Presbourg (signé avec François II) qui entraîne la disparition du Saint Empire romain germanique.

Souvent femme varie. Bien fol est qui s'y fie.

François Ier.

Séduisant, grand, majestueux, galant et libertin. Autant de termes flatteurs qui reviennent souvent sous la plume pour cerner la personnalité complexe de François Ier. Il a en outre la passion sincère des arts et sera le protecteur de Clément Marot, Rabelais, Léonard de Vinci, Ronsard, etc. Bref, son prédécesseur, mais aussi cousin et beau-père, Louis XII, avait quelque peu manqué de clairvoyance en disant un jour : « Ce gros garçon gâtera tout. »

Marié à Claude de France, puis à Eléonore d'Autriche en 1524 (sœur de Charles Quint, l'ennemi de tout son règne), François Ier confie les affaires du royaume à sa mère dans ses moments d'égarement amoureux. Car, incontestablement, le souverain est un infatigable séducteur. Il multiplie les conquêtes féminines, ce qui n'exclut évidemment pas tourments et déceptions sentimentales. Et il semble bien que l'une de ses maîtresses, la duchesse d'Etampes, éveille chez lui quelques soupçons lorsqu'il se laisse aller à un instant de nostalgie et « écrit » cette formule : « Toute femme varie. »

Vient ensuite la construction d'une légende. Le seigneur de Brantôme (1538-1614), homme de cour rattrapé par la vocation littéraire sur la fin de sa vie, soutient dans ses *Mémoires* qu'un concierge du château de Chambord lui aurait montré cette phrase tracée « au côté d'une fenêtre ». Sans autre développement. C'était sans compter sur l'imagination fertile de la tradition populaire. Elle ajouta, fort joliment, que François Ier avait gravé sa formule sur une vitre, de la pointe d'un diamant qu'il portait au doigt ! Dès lors, l'aphorisme prend une forme plus achevée, pour devenir au XVIIIe siècle : « Souvent femme varie. Mal habil qui s'y fie. »

Souviens-toi du vase de Soissons !

Clovis. 486.

Voilà seulement cinq petites années que Clovis domine le nord de la Gaule lorsqu'il triomphe du dernier représentant de l'autorité romaine, le général Syagrius. Grâce à la célèbre Victoire de Soissons (486), Clovis étend alors son pouvoir sur un territoire allant de la Meuse à la Loire. Le roi des Francs — barbare, cruel et païen ! — ne cache plus ses ambitions. Elles le conduiront, plus tard, à accepter le baptême et à obtenir ainsi le précieux soutien de l'Eglise pour asseoir pleinement sa férule sur la population gallo-romaine.

Mais revenons à la bataille de Soissons ! Comme souvent en de pareilles circonstances, les hommes de Clovis pillent de nombreuses églises. Notamment celle de Reims qui contenait un vase d'une exceptionnelle beauté. Remi, évêque du lieu, envoie des messagers auprès du chef franc pour réclamer l'objet. En habile politique (il ne répugne point à s'attirer les faveurs du clergé), Clovis promet de restituer le vase sacré.

Aussi, lorsque arrive le partage des butins rassemblés au cours de cette campagne de Soissons, Clovis demande à ses soldats d'exclure le vase de l'habituel tirage au sort. Tous semblent accepter. Mais un homme s'avance en criant : « Tu n'auras rien ici que ce que le sort t'attribuera vraiment ! » Et l'irascible guerrier brisa le vase de Reims d'un coup de francisque !

Clovis rumine sa vengeance. Un an plus tard, au cours d'une revue militaire, le roi franc reconnaît le soldat provocateur. Prétextant le mauvais état de sa tenue, Clovis le fait sortir du rang et lui arrache ses armes qu'il jette au sol. Tandis que le valeureux guerrier se baisse pour les ramasser, Clovis lui fracasse le crâne d'un violent coup de hache en disant : « C'est ainsi que tu as fait à Soissons avec le vase. »

A n'en point douter, en se vengeant d'une aussi spectaculaire façon du soldat qui l'avait empêché de restituer le vase à l'évêque Remi, Clovis veut s'attirer la sympathie de la hiérarchie ecclésiastique. Il épousera d'ailleurs Clotilde (princesse burgonde catholique) en 493 et acceptera que leurs enfants soient baptisés.

T

Tant que vous voudrez, mon général. Tant qu'il en restera un !

Gaston de Galliffet. Sedan, 1er septembre 1870.

Dans cette guerre engagée le 19 juillet 1870, les Français accusent une nette infériorité numérique sur leurs adversaires prussiens. De surcroît, les troupes ennemies disposent d'une puissance de feu bien supérieure. Ce qui fera dire à certains chroniqueurs : « Les uns ont des fusils, les autres des canons. » En outre, la Prusse possède l'un des plus habiles stratèges de la seconde moitié du XIXe siècle, le maréchal Helmuth von Moltke.

Les premiers revers ne se font pas attendre. Le maréchal de Mac-Mahon essuie une défaite à Wissembourg (6 août) et se replie sur Châlons. Dès lors, démoralisation et désorganisation gagnent l'armée impériale qui ne peut que vaciller à Gravelotte, Mars-la-Tour et Saint-Privat (16-18 août). Quant à l'armée de Bazaine, elle doit refluer sur Metz, tandis que Napoléon III terrassé par la maladie arrive au camp retranché de Châlons-sur-Marne.

Mac-Mahon tente alors d'aller à la rencontre de Bazaine, censé se replier sur Châlons. A la grande stupéfaction de ses adversaires, le maréchal s'enfonce dans l'entonnoir ardennais. Le 30 août, le gros des troupes atteint Sedan dans le plus parfait désordre. La situation de l'armée impériale est tout simplement désespérée. Moltke en profite pour achever sa manœuvre par un parfait mouvement d'encerclement de la cuvette sedanaise.

Le 1er septembre, depuis la colline de Fresnois, Guillaume assiste au triomphe de son armée. Et lorsque le général Margueritte lance d'éperdues charges de cavalerie en sacrifiant ses hommes sur le plateau de Floing, l'empereur prussien lâche un admiratif : « Ah ! les braves gens ! »

De son côté, avec une pareille débauche d'énergie qui cache mal un profond désarroi, mais cette fois sur le plateau d'Illy, le marquis de Galliffet jette ses chasseurs d'Afrique contre l'ennemi. Répondant à la sollicitation du général Ducrot, Galliffet s'écrie avant l'assaut à l'arme blanche : « Tant que vous voudrez, mon général ! Tant qu'il en restera un ! »

Le désastre de Sedan met un terme au Second Empire. Napoléon III capitule le 2 septembre. Sous l'impulsion de Léon Gambetta, la IIIe République sera proclamée le 4 septembre 1870.

La terre, elle, ne ment pas.

Philippe Pétain. Bordeaux, 25 juin 1940.

Les troupes allemandes défilent dans Paris le 14 juin 1940. Et le gouvernement doit donc se replier sur Bordeaux. Le président du Conseil, Paul Reynaud, soutenu par un général nouvellement promu sous-secrétaire d'Etat à la Défense nationale, un certain Charles de Gaulle, penche pour la capitulation militaire et pour la poursuite des combats à partir de l'Afrique du Nord. Reynaud refuse l'armistice. Il violerait ainsi l'accord franco-britannique de mars 1940 qui exclut toute idée de paix séparée.

Dans l'autre camp, Philippe Pétain, vice-président du Conseil depuis le 18 mai, et le général Maxime Weygand (1867-1965) jugent la capitulation déshonorante. Les deux partis s'affrontent au conseil des ministres du 15 juin. Pétain emporte la décision. Reynaud démissionne et Albert Lebrun, président de la République, nomme le maréchal à la tête du gouvernement.

Le 17 juin, Philippe Pétain demande l'armistice. Il sera signé le 22 juin, à Rethondes (près de Compiègne). Hitler a symboliquement exigé le même wagon que celui qui a été utilisé pour entériner l'armistice du 11 novembre 1918.

Le 25 juin, jour de l'entrée en vigueur de l'armistice, Philippe Pétain s'adresse de nouveau aux Français : « Les conditions auxquelles nous avons dû souscrire sont sévères. (...) Ce n'est pas moi qui vous bernerai par des paroles trompeuses. Je hais les mensonges qui vous ont fait tant de mal. La terre, elle, ne ment pas. Elle demeure votre recours. »

A l'époque, un brillant intellectuel juif, Emmanuel Berl (1892-1976), écrit certains discours du maréchal. D'aucuns attribuent donc à ce journaliste de gauche, pacifiste et volontiers anticonformiste, la paternité de la formule « la terre ne ment pas ». D'autres s'étonnent encore du prodigieux décalage qui existait entre les deux hommes. Mais au printemps 1940, dans la terreur de la débâcle, il ne faut pas oublier que la France, au moins pendant quelques semaines, comptait quarante millions de pétainistes ! Très vite, Emmanuel Berl va d'ailleurs prendre ses distances avec le régime de Vichy.

Le 10 juillet, députés et sénateurs sont convoqués à Vichy. Ils votent les pleins pouvoirs à Philippe Pétain. Dès lors, le maréchal va s'employer à conduire le « redressement moral et intellectuel » dont il parle dans ce même discours du 25 juin. Pétain propose (ou impose !) aux Français un « ordre nouveau » qui vise à transformer en profondeur la société et à rompre avec les principes républicains. Car, selon le maréchal : « L'esprit de jouissance détruit ce que l'esprit de sacrifice a édifié. »

S'érige immédiatement le régime de Vichy, placé entre les mains d'une ultradroite catholique bien-pensante qui tient sa revanche sur les idéaux du Front populaire, cet « immense rassemblement de toutes les forces résolues à défendre la liberté contre l'atteinte du fascisme » (juin 1936-septembre 1938).

Sous le choc conjugué de la défaite et d'un humiliant armistice, la population s'en remet alors à un large ralliement de conservateurs bien décidés à traquer les suppôts de l'« anti-France » : juifs, francs-maçons, intellectuels, étrangers, « instituteurs communistes », syndicalistes, protestants et quelques autres.

Loin du cliché qui présente trop souvent Philippe Pétain en vieillard de quatre-vingt-quatre ans, sénile, sourd et influencé par son entourage, le maréchal s'active et s'implique pour forger cet Etat « national, autoritaire, hiérarchique et social » fortement inspiré par le courant maurassien de *L'Action française*. Une idéologie qui soutient la notion de « Révolution nationale » en prônant l'indispensable reconstruction de la France autour de trois grands thèmes majeurs en forme de devise : « Travail. Famille. Patrie. »

Pour mettre un terme à la « culture du mécontentement » et aux dangers de l'individualisme, le régime de Vichy veut restructurer la société sur un modèle corporatiste qui redonnerait une place naturelle aux communautés professionnelles. Ainsi crée-t-il des « ordres » pour les professions libérales (experts-comptables, médecins, pharmaciens, architectes, etc.). Quant à l'agriculture, elle s'organise autour de la Corporation paysanne qui puise ses racines dans la formule : « La terre, elle, ne ment pas. »

Plusieurs lois tentèrent de favoriser cette politique du retour à la terre. Certains y virent le moyen de subvenir à leurs propres besoins alimentaires. D'autres ne résistèrent pas à la tentation de s'engager ainsi sur la voie du marché noir. Quoi qu'il en soit, cette propagande se soldera par un cuisant échec. Cependant, dans les contrées rurales de la zone libre, ce retour à la terre aura au moins le mérite de servir de couverture à ceux que l'occupant ou la police française recherchaient activement. Souvent, ce retour à la terre allait précéder l'engagement dans le maquis.

Tout est perdu, fors l'honneur.

François Ier. Février 1525.

Brillant, chevaleresque, téméraire, séduisant et impétueux : François Ier ne manque pas de qualités ! Même si son goût prononcé pour le libertinage (il a de multiples liaisons) l'écarte régulièrement du pouvoir qu'il laisse alors entre les mains de ses favoris ou de sa mère Louise de Savoie.

François épouse la fille de Louis XII, son cousin, en 1514. L'année suivante, faute d'héritier masculin, il succède à son beau-père sur le trône de France. Fidèle aux ambitions de ses prédécesseurs, le souverain se jette avec fougue dans la campagne d'Italie. Dès 1515, il remporte la célèbre victoire de Marignan qui lui ouvre les portes du Milanais.

Mais, à la mort de l'empereur Maximilien d'Autriche (1519), un puissant rival arrive sur le devant de la scène. Sans surprise, les princes électeurs de la Diète de Francfort élisent un homme qui ne manque pas d'atouts : Charles Ier d'Espagne. Habsbourg, petit-fils de Maximilien et soutenu par de richissimes banquiers (les Fugger), il emporte très facilement la décision face aux deux autres candidats : François Ier et Henri VIII d'Angleterre.

Celui qui devient ainsi l'empereur germanique, sous le nom de Charles Quint, domine une bonne partie de l'Europe qui va bien au-delà du Saint Empire. A l'Espagne enfin réunifiée viennent notamment s'ajouter : l'Autriche, l'Allemagne, les Pays-Bas, la Franche-Comté, l'Alsace, le Tyrol, le Royaume de Bohême, la Sicile et l'Italie. François Ier perçoit immédiatement les dangers d'un tel encerclement. Il cherche un appui auprès de Henri VIII d'Angleterre, mais sa tentative d'alliance échoue (1520).

Les troupes impériales envahissent alors la Provence. Marseille résiste, mais la contre-offensive du monarque tourne au désastre à la bataille de Pavie, près de Milan (1525). Au soir de cette défaite, commence pour le souverain français une année de captivité. François Ier écrit alors à sa mère : « Madame, pour vous avertir comme se porte le ressort de mon infortune, de toutes choses ne m'est demeuré que l'honneur et la vie sauve, et pour ce que mes nouvelles vous seront quelque peu de réconfort, j'ai prié qu'on me laissât vous écrire. »

Ce texte se transformera en une formule plus concise : « Tout est perdu, fors (sauf) l'honneur. » Quant à Voltaire, dans l'*Essai sur les mœurs et l'esprit des nations* (1756), il résume l'épisode en ces termes : « Madame, tout est perdu, hors l'honneur. »

A propos d'honneur précisément, François Ier allait le mettre à sa propre sauce ! En effet, détenu à Madrid, il y signe un traité (1526). La France cède à l'empereur germanique la Flandre, la Bourgogne, Naples et le Milanais. Sitôt passé la frontière et « roi derechef », François Ier s'empresse de renier sa signature !

Tu montreras ma tête au peuple, elle en vaut la peine.

Georges Danton. Paris, 5 avril 1794.

Elu à la Convention en septembre 1792, Danton se démet de ses fonctions de ministre de la Justice et siège avec les députés de la Montagne. En mars 1793, il contribue à la création du Tribunal révolutionnaire, puis, le mois suivant, à celle du Comité de salut public dont il est rapidement évincé pour ne pas avoir su endiguer les menées contre-révolutionnaires.

Fin 1793, Danton s'oppose à Robespierre. Il réclame la fin de la Terreur dont il avait pourtant été l'un des instigateurs. Et il prend fermement position contre les ultrarévolutionnaires et les hébertistes. D'où le nom d'Indulgents que l'on donne aussitôt à ses partisans (Desmoulins, Hérault de Séchelles et Fabre d'Eglantine).

Arrêté avec ses amis le 30 mars 1794, Danton est jugé par le Tribunal révolutionnaire (2 au 4 avril). Condamné à mort, il monte sur l'échafaud le 5 avril et s'adresse fièrement au bourreau : « Tu montreras ma tête au peuple, elle en vaut la peine. » Geste que l'exécuteur des hautes œuvres avait d'ailleurs accompli avec la tête de Louis XVI, le 21 janvier 1793.

Redoutable orateur tout au long de sa carrière, Danton ne perdit donc rien de sa verve jusqu'au dernier instant. Debout dans la charrette qui le mène au supplice, on dit aussi qu'il se serait écrié en passant devant la maison de son adversaire : « Robespierre ! Tu me suis ! » Et en mars 1794, tandis qu'on essayait de le convaincre de fuir en lui expliquant que Saint-Just préparait un acte d'accusation contre lui, Danton répliqua : « On n'emporte pas sa patrie à la semelle de ses souliers. »

Tu quoque, filii !

Jules César. Rome, 14 mars 44 av. J.-C.

En 510 av. J.-C., les citoyens du monde romain expulsent leur dernier roi, Tarquin le Fier. Dès lors, Rome accède au rang de république gouvernée par des fonctionnaires élus. Tous les ans, le peuple choisit deux consuls et les membres du gouvernement au sein du sénat.

Quelques centaines d'années plus tard, Jules César impose son talent militaire et son intelligence politique. Habile stratège en de multiples domaines, il s'appuie notamment sur ses triomphes guerriers pour gagner une immense popularité. Et pour accéder à un pouvoir solitaire après l'écrasante humiliation de Pompée (48 av. J.-C.).

Sans s'écarter de la doctrine républicaine, César gouverne cependant en maître absolu. Et même s'il continue de manifester d'indéniables affinités avec les *populaires*, le sénat s'inquiète chaque jour davantage de la position dominante de ce chef qui bouleverse l'administration de l'empire.

César décide alors de transmettre l'ensemble de ses pouvoirs à Octave, un petit-neveu qu'il vient d'adopter (45 av. J.-C.). Mais pour perpétuer légalement la lignée, il demande au sénat de lui attribuer le titre de roi.

Le 14 mars 44 av. J.-C., jour où l'assemblée devait officiellement entériner cette faveur, Jules César se retrouve face à un groupe de conjurés républicains. Il reconnaît parmi eux Marcus Junius Brutus, l'un de ses protégés. Alors, César s'écrie : « *Kai su teknon !* » Car il s'exprime en langue grecque, celle que parlent tous les aristocrates et sénateurs romains. César n'a donc jamais dit : « *Tu quoque, filii !* » A savoir : « Même toi, petit ! » Ce que certains ont parfois traduit : « Même toi, fils ! » Laissant ainsi planer la rumeur infondée selon laquelle Brutus aurait été le fils adultérin de César.

L'affectueuse apostrophe n'empêche pas l'assassinat de César. Mais Octave se considère aussitôt comme l'héritier désigné. Prenant le nom d'Auguste, il forme le deuxième triumvirat avec Antoine et Lépide (43 av. J.-C.). Auguste deviendra le premier empereur romain (27 av. J.-C.-14).

Tuez-les tous, Dieu reconnaîtra les siens !

Arnaud Amalric. 22 juillet 1209.

Traqués par l'Inquisition à partir de 1229, les cathares (« apôtres de Satan » pour les uns, « pauvres du Christ » pour les autres) propagent leur foi depuis le siècle précédent (en Rhénanie, Lombardie, Italie et dans le sud de la France). Leur doctrine emprunte au dogme chrétien, mais elle se fonde notamment sur une rigueur morale qui contraste avec le relâchement et l'opulence du clergé catholique de l'époque. Aussi, les cathares obtiennent-ils un réel succès populaire.

En janvier 1208, une vingtaine d'années avant l'Inquisition, le pape Innocent III appelle déjà à une croisade contre les albigeois (nom donné aux cathares de la région d'Albi et étendu à tous ceux du midi de la France). Abbé de Cîteaux et légat du pape, Arnaud Amalric accompagne Simon de Montfort (1150-1218) dans cette chasse sanglante aux « hérétiques ». Lutte impitoyable qui dégénère rapidement en massacre aveugle dont le sac de Béziers restera l'un des plus tragiques exemples.

Ainsi, le 22 juillet 1209, lors du siège de la ville, Arnaud Amalric aurait donné cet ordre atroce : « Tuez-les tous, Dieu reconnaîtra les siens ! » Selon les témoignages de l'époque ou les reconstitutions des historiens, le massacre fait entre sept mille et trente mille morts. En tout état de cause, une horrible boucherie a bel et bien lieu. Que la phrase ait été ou non entendue (une légende tenace l'attribue, à tort, à Simon de Montfort), l'armée se comporta comme si elle avait été prononcée. On peut d'ailleurs douter que les soldats de cet assaut aient eu le souci de distinguer entre bons chrétiens et hérétiques.

La traque des albigeois se prolongera jusqu'en 1244, date à laquelle ils seront définitivement éliminés après la prise du château de Montségur.

Tuez-les, mais tuez-les tous pour qu'il n'en reste pas un pour me le reprocher.

Charles IX. 23 août 1572.

Second fils d'Henri II et de Catherine de Médicis, Charles IX accède au trône de France en 1560. Il n'a alors que dix ans. Sa mère exerce la régence et elle influencera de façon considérable le souverain tout au long de son règne. Notamment au moment de la Saint-Barthélemy.

Le conflit entre protestants et catholiques empoisonne la vie du royaume. En mars 1562, une cinquantaine de protestants sont massacrés dans le paisible bourg de Wassy (Haute-Marne), tandis qu'ils priaient dans une grange. Dans l'ombre de cette horrible tuerie, il y a la main du duc de Guise. Il déclenche ici la première guerre de religion, réduisant à néant les tentatives de conciliation que mène la régente. Le duc de Guise est assassiné quelques mois plus tard.

Parvenu à l'âge de la majorité, Charles IX soutient à son tour une politique d'apaisement à l'égard des protestants. Avant de réviser sa position sous la pression de l'opinion catholique qui accepte fort mal l'emprise de l'amiral de Coligny (principal chef huguenot avec Condé) sur le jeune roi. Mais l'heure de la réconciliation approche. Du moins peut-on l'imaginer lorsque Henri de Navarre (branche des Bourbons, futur Henri IV, élevé dans la rigueur du protestantisme) décide d'épouser

Marguerite de Valois (dite la reine Margot), propre sœur de Charles IX, fille de Catherine de Médicis !

Le mariage doit avoir lieu le 18 août 1572. Et tout Paris sera rempli de protestants venus assister à ce considérable événement. Germe alors dans l'esprit de la reine mère le plus odieux des complots. Elle veut profiter de la présence de nombreux huguenots dans la capitale pour ordonner leur extermination. Sincèrement effrayé par ce projet, Charles IX refuse.

Mais, face à l'insistance de sa mère, le roi doit céder. Il n'a pas la force de caractère qui lui aurait permis de résister et d'imposer sa décision. Excédé par les assauts répétés de Catherine de Médicis, Charles IX conclut : « Tuez-les, mais tuez-les tous pour qu'il n'en reste pas un pour me le reprocher. »

Dans la nuit du 23 au 24 août, la cloche de la chapelle royale de Saint-Germain-l'Auxerrois donne le signal. Puis, le tocsin se propage d'église en église. Des hordes de tueurs, milice bourgeoise associée aux chenapans des bas-fonds, engagent alors un massacre systématique, savamment orchestré.

Protestants de tous âges et de toutes conditions sociales ne peuvent échapper à la sauvagerie. La nuit de la Saint-Barthélemy fait probablement trois mille victimes. Le carnage se propage en province jusqu'en octobre 1572. Abandonné de tous, Charles IX meurt deux ans plus tard.

La typhoïde ? Je l'ai eue ! On en meurt ou on en reste idiot.

Attribué à Edme de Mac-Mahon.

On ne prête qu'aux riches ! Le comte de Mac-Mahon, maréchal de France et président de la République de 1873 à 1879, ne brillait guère par son éloquence. On lui prêta même la réputation d'enfiler avec une aisance naturelle bourdes, maladresses, gaffes, clichés, niaiseries et lapalissades qui ne manquaient pas d'entretenir à son endroit railleries et sarcasmes.

Cible des journalistes, humoristes et caricaturistes, Mac-Mahon décrocherait aujourd'hui, sans coup férir, l'Oscar de la bévue.

Aussi affubla-t-on parfois le maréchal de « bons mots » dont l'authenticité reste encore à prouver. Comme si ses improbables saillies ne suffisaient point à sa renommée. A l'instar de cet échange, suspect de trop de perfection : « La typhoïde ? Je l'ai eue ! On en meurt ou on en reste idiot. »

V

Vainqueurs ou vaincus, nous faisons le malheur de la patrie.

Othon. Rome, avril 69.

Poussé sur le trône impérial en l'an 68 par la garde prétorienne, Galba succède à Néron. Mais il ne parvient pas à contenir le mécontentement des légions auxquelles il refuse de verser l'argent promis au moment de sa prise de pouvoir. Finalement, les prétoriens se rangent cette fois aux côtés d'Othon et décident d'assassiner Galba (15 janvier 69).

Ancien favori déchu de Néron, Othon est alors reconnu dans tout l'Empire romain. Sauf en Germanie où les légions ont proclamé Vitellius. Il entre donc en lutte contre ce dernier. Ecrasé à Bédriac (à l'est de l'actuelle ville de Crémone, Lombardie), Othon se suicide après trois mois de pouvoir (janvier-avril 69). Non sans avoir ce sursaut de bon sens : « Nous combattons

Romains contre Romains. Vainqueurs ou vaincus, nous faisons le malheur de la patrie. »

Vitellius n'aura pas davantage de chance. Lui aussi ne sera empereur que trois petits mois. Jusqu'à la proclamation de Vespasien (juillet 69) par les légions d'Orient. En cette période troublée de l'Empire romain, Vespasien apparaît alors comme le sauveur tant attendu qui doit restaurer l'ordre et la paix. Vespasien, lui, régnera dix ans.

Veni, vidi, vici.

Jules César. 47 av. J.-C.

Dans la Rome antique, le « triomphe » correspond à une sorte de fête officielle que le sénat accorde à un chef militaire ayant tué plus de cinq mille adversaires dans une guerre régulièrement déclarée. Au cours de ces triomphes, sénateurs, musiciens, soldats et prisonniers défilent dans la ville, tandis que le vainqueur trône sur un char attelé de douze chevaux blancs. En bonne place dans la procession, on trouve également des écriteaux et des peintures qui retracent et expliquent l'épopée victorieuse.

A l'occasion de l'un de ses triomphes romains, en lieu et place des habituels écriteaux « bavards » rapportant les faits de guerre, César aurait tout simplement fait écrire sur son char cette formule concise et percutante : « *Veni, vidi, vici* » (Je suis venu, j'ai vu, j'ai vaincu). Suétone (70-128) rapporte cette version des faits dans ses incontournables *Vies des douze Césars* (biographies anecdotiques des empereurs romains). Quant au moraliste grec Plutarque (49-125), il affirme pour sa part que César écrivit à un ami « ces trois mots qui possèdent grâce et brièveté dans la langue latine ».

Quoi qu'il en soit de la forme du support, Suétone et Plutarque tombent d'accord sur l'événement qui s'attache au célèbre « *Veni, vidi, vici* ». Ce raccourci inspiré ponctue une campagne en Orient (47 av. J.-C.). Avec une aisance déconcertante, César inflige alors une défaite cuisante à un certain Pharnace II (roi du Bosphore) qui s'était effrontément emparé de la Cappadoce (ancienne région d'Asie Mineure appartenant aujourd'hui à la Turquie).

Le vice appuyé sur le bras du crime.

François René de Chateaubriand.

Réfugié à Bruxelles dès juin 1791, Louis de France, le comte de Provence, petit-fils de Louis XV et frère de Louis XVI, émigre à Coblence. Il s'installe ensuite successivement en Italie, en Russie et en Angleterre. C'est là que le futur Louis XVIII tente de mobiliser les monarques européens contre les révolutionnaires français.

Après l'assaut général des troupes de la sixième coalition (Angleterre, Russie, Prusse, Autriche et Suède), Napoléon abdique le 6 avril 1814. Louis XVIII revient aussitôt en France et restaure une monarchie constitutionnelle. Pour peu de temps ! Le 1er mars 1815, l'Empereur déchu débarque à Golfe-Juan et rallie Paris le 20 mars. Louis XVIII doit alors se réfugier à Gand.

Trois mois plus tard, les coalisés infligent à Napoléon la sévère défaite de Waterloo (18 juin 1815) qui met fin aux Cent-Jours. Elle sonne aussi l'anéantissement définitif du Premier Empire. Soutenu par les Anglais, Louis XVIII va donc retrouver sa couronne.

Sur le chemin du retour vers Paris, le souverain s'engage solennellement à respecter la monarchie constitutionnelle garantie par la Charte de juin 1814. En arrivant à Saint-Denis, Louis XVIII reçoit Talleyrand (4 juillet). Tombé dans la disgrâce impériale en 1809, ce dernier avait ensuite intrigué contre Napoléon et avait contribué à la première restauration du souverain qui le restitua aussitôt dans ses fonctions de ministre des Affaires étrangères. Talleyrand insiste pour présenter au souverain l'un de ses proches amis, un certain Joseph Fouché.

Rallié aux idées révolutionnaires dès 1789, Fouché est élu à la Convention en 1792, se range aux côtés des ultrarévolutionnaires et vote la mort du roi. Il réprime dans un bain de sang l'insurrection royaliste de Lyon où il s'acharne contre la noblesse tout en menant une ardente déchristianisation (lui qui reçut pourtant les ordres mineurs et fut le pieux élève des oratoriens de Nantes). Intriguant sans scrupules, il lâche Robespierre et est l'un des instigateurs de l'ombre du 9 thermidor (27 juillet 1794).

Fouché met ensuite son talent politique au service de

Bonaparte, soutient son coup d'Etat et tient le poste clé de ministre de la Police de 1799 à 1810, fonction qu'il occupe de nouveau pendant les Cent-Jours. Ce qui n'empêche nullement ce conventionnel régicide de s'activer à préparer le retour de Louis XVIII aussitôt connue la défaite de Waterloo ! A l'évidence, Fouché et Talleyrand formaient une paire redoutable.

Aussi, lorsque Talleyrand propose à Louis XVIII d'intégrer Fouché dans son ministère, le souverain s'écrie : « Jamais ! » Un jamais qui ne durera qu'une seule journée. Le monarque a compris qu'il ne peut pas se passer des deux hommes. Et notamment de l'exceptionnel réseau d'agents et d'espions que Fouché a tissé sur l'ensemble du territoire. Fouché reste ministre de la Police et Talleyrand est promu président du Conseil.

Le 6 juillet 1815, les deux hommes viennent prêter serment dans le bureau de Louis XVIII. Posté dans l'antichambre, François René de Chateaubriand note avec malice dans ses *Mémoires d'outre-tombe* : « Tout à coup, une porte s'ouvre ; entre silencieusement le vice appuyé sur le bras du crime, M. de Talleyrand marchant soutenu par M. Fouché. »

Aussitôt, le ministre de la Police prépare l'entrée du roi dans la capitale. Craignant des troubles, il conseille au souverain d'éviter le faubourg Saint-Denis. « Je n'ai pas le malheur de craindre mon peuple », lui rétorque Louis XVIII. Effectivement, le 8 juillet, la foule acclame le passage du cortège royal.

Frappé en tant que régicide par la loi de 1816, Fouché doit s'installer à Prague, puis à Trieste. Il meurt en 1820 en laissant une fortune considérable.

La vieillesse est un naufrage.

Charles de Gaulle. 1954.

Les élections du 21 octobre 1945 confirment la division politique de la France au sortir de la guerre. Les communistes (PCF) obtiennent 26,2 % des voix, les démocrates chrétiens (MRP) 24 % et les socialistes (SFIO) 23,5 %. Elu chef du gouvernement à l'unanimité de cette nouvelle Assemblée constituante, de Gaulle forme un cabinet tripartite (PCF-MRP-SFIO) le 21 novembre. Mais, en profond désaccord avec l'attitude des partis qui ont « recouvré leurs moyens et reprennent leurs jeux d'antan », le général démissionne le 20 janvier 1946. Pour un temps à l'écart de l'agitation politique, il entreprend de rédiger ses *Mémoires de guerre.*

Dans *L'Appel* (1954), de Gaulle consacre un long passage au maréchal Pétain. Tout frais émoulu de la prestigieuse école militaire de Saint-Cyr, Charles de Gaulle fut nommé au 33ᵉ régiment d'infanterie commandé par un certain... colonel Pétain. Plus tard, général et maréchal se retrouvent brièvement en juin 1940. Le président du Conseil, Paul Reynaud, a appelé les deux hommes à ses côtés, le premier (quarante-neuf ans) au poste de sous-secrétaire d'Etat à la Défense nationale ; le second (quatre-vingt-quatre ans) comme vice-président du Conseil.

Chacun connaît la suite. De Gaulle s'oppose à toute reddition, rejoint Londres pour lancer son célèbre appel du 18 juin et pour organiser les balbutiements de la Résistance. Pétain signe l'armistice (22 juin), installe le gouvernement à Vichy (1er juillet), obtient les pleins pouvoirs et se retrouve chef de l'Etat français (11 juillet).

Dans *L'Appel*, donc, le général de Gaulle cisèle cette analyse sans concession : « Les années, par-dessous l'enveloppe, avaient rongé son caractère. L'âge le livrait aux manœuvres de gens habiles à se couvrir de sa majestueuse lassitude. La vieillesse est un naufrage. Pour que rien ne nous fût épargné, la vieillesse du maréchal Pétain allait s'identifier avec le naufrage de la France. »

Vive l'anarchie !

Ravachol. Paris, 1892.

Pour subvenir aux besoins de ses proches, son père ayant quitté le domicile conjugal, Ravachol travaille pendant trois ans comme ouvrier teinturier. Puis il adhère aux idées anarchistes et commet ici ou là de nombreux larcins. Mais il passe assez rapidement à des opérations de plus grande envergure, à Paris et dans le centre de la France. Certes, le vol reste le mobile essentiel des délits de Ravachol, mais, bientôt, pour parvenir à ses fins, l'anarchiste n'hésitera plus à tuer ou même à violer des sépultures.

En 1892, Ravachol passe aux attentats : le 11 mars, boulevard Saint-Germain ; le 25 mars, rue de Clichy.

Chaque fois dans un immeuble habité par un magistrat ayant participé l'année précédente au procès de plusieurs anarchistes.

Remarqué par un serveur du restaurant Véry, Ravachol est arrêté le 29 mars 1892, en plein repas. Dès le 26 avril, l'anarchiste comparaît devant la cour d'assises de la Seine. La veille, une bombe avait explosé au Véry tuant deux personnes. Juges et jurés reçoivent des menaces, mais le tribunal condamne Ravachol à la détention perpétuelle.

Ravachol doit ensuite répondre de cinq meurtres (commis depuis 1886) devant la cour d'assises de la Loire, à Montbrison (21 juin 1892). Il ne reconnaît qu'un seul assassinat, celui d'un vieillard surnommé l'ermite de Chambles. A l'annonce de sa condamnation à mort, Ravachol reste de marbre. Puis il s'écrie : « Vive l'anarchie ! » Il sera exécuté le 11 juillet suivant.

Souvent considéré de son vivant comme un agent provocateur dans les rangs de ses propres amis, Ravachol gagnera ici ses galons de héros et de martyr de la cause anarchiste.

Vive le Québec libre !

Charles de Gaulle. Montréal, 24 juillet 1967.

Contrairement aux usages qu'impose le protocole, Paris avait insisté pour que le général de Gaulle se rende tout d'abord à Québec pour inaugurer sa visite officielle au Canada. En refusant d'aller d'emblée dans la capitale fédérale, Ottawa, le président français donnait déjà le ton de son voyage. Mais personne n'y prêta vraiment attention.

Arrivé à Québec le 23 juillet 1967, de Gaulle reçoit un accueil triomphal de la population. Et, non sans malice, le général commente l'événement : « Je vois l'avènement d'un peuple qui, dans tous les domaines, veut prendre en main ses destinées. »

Le lendemain, à Montréal, de Gaulle franchit un pas supplémentaire. Devant cinq cent mille Montréalais rassemblés devant l'hôtel de ville, il s'embrase littéralement : « Je vais vous confier un secret... Ce soir ici et tout au long de la route, je me trouvais dans une atmosphère comme celle de la Libération... La France entière sait, voit et entend ce qui se passe ici. Vive Montréal ! Vive le Québec ! Vive le Québec libre, avec le Canada français ! Vive la France ! » Délire et hurlements de joie dans la foule. Stupéfaction dans les principales capitales mondiales. Stupeur à Ottawa.

Le Premier ministre fédéral juge le propos « inacceptable ». Mais avant qu'il puisse prendre une décision sur la suite à donner au voyage officiel du président français, de Gaulle annonce le soir même son retour immédiat pour Paris.

Voici l'homme !

Ponce Pilate. Jérusalem, avril 29 ou 30.

Prières, sacrifices d'animaux, offrandes de nourriture et de vin : le peuple romain adore ses dieux. Les mêmes que ceux que vénéraient les Grecs. Sauf qu'ils portent des noms différents. Par exemple : le Zeus grec devient le Jupiter romain ; Héraclès se mue en Hercule et Dionysos se transforme en Bacchus. S'ajoutent à ce Panthéon les empereurs romains décédés que l'on élève au rang d'un dieu et qui jouissent d'un culte particulier dans un temple qui leur est dédié.

Avec le brassage de peuplades inhérent à l'expansion de l'Empire romain, de nouvelles religions s'immiscent aux côtés des rituels dominants et des pratiques superstitieuses ou divinatoires officielles. Ces nouvelles religions sont tolérées... à condition que leurs fidèles respectent le culte des dieux romains.

Sous le règne de l'empereur Tibère (14-37), Ponce Pilate exerce les fonctions de procurateur (c'est-à-dire gouverneur ou préfet) de Judée. Si les Romains occupent la Palestine depuis un siècle, ils laissent cependant les Juifs pratiquer leur religion. En exerçant bien évidemment une scrupuleuse vigilance et sans manquer de peser de tout leur poids sur les décisions politiques.

En poste entre les années 26 et 36, Ponce Pilate doit juger une affaire exceptionnelle vers 29 ou 30 : le procès de Jésus-Christ. Trahi par Judas, arrêté puis mené devant le grand prêtre, Jésus se retrouve finalement face à Ponce Pilate. Le gouverneur romain ne voit aucune raison objective de condamner le prophète. En revanche, les chefs religieux exigent la mise à mort de celui qui se dit fils de Dieu. Notion scandaleuse pour la communauté juive.

Afin de ridiculiser Jésus, qui se proclame également roi des Juifs, les soldats romains lui placent sur la tête une couronne d'épines et ils le couvrent d'une cape pourpre, deux des principaux attributs de la fonction royale. Puis, Ponce Pilate présente ainsi Jésus à la foule : « Voici l'homme ! » (*Ecce homo !*)

Ponce Pilate propose alors de gracier Jésus. En effet, la veille de la Pâque juive, la coutume veut que l'on amnistie un prisonnier. Mais la foule refuse. Elle préfère libérer Barabbas, un authentique criminel.

Voir : *« Je suis innocent du sang de ce juste. »*

Vous allez voir comment on meurt pour vingt-cinq francs !

Alphonse Baudin. Paris, 3 décembre 1851.

Au lendemain du coup d'Etat du prince-président Louis Napoléon Bonaparte (futur Napoléon III), quelques députés républicains tentent de soulever le peuple de Paris. Accompagné d'amis fidèles, dont sept collègues députés, Alphonse Baudin se rend faubourg Saint-Antoine dès les premières heures du jour.

Baudin harangue la foule. Une modeste barricade se construit, tenue par une petite centaine d'hommes dont à peine le quart possède une arme. Vers la fin de la matinée, des soldats arrivent. Sur la barricade, Alphonse Baudin donne du geste et de la voix pour enrôler les badauds. Et tandis qu'il houspille une foule sans grand enthousiasme, un ouvrier l'apostrophe : « Vous croyez qu'on va se faire tuer pour que vous conserviez votre salaire ! » Irrité, Baudin réplique aussitôt : « Vous allez voir comment on meurt pour vingt-cinq francs ! » (à l'époque, cette somme correspond à l'indemnité journalière d'un député).

Un bref moment d'animosité s'ensuit entre insurgés convaincus et manifestants sceptiques. Dans l'énervement général, un homme tire en direction des soldats. La troupe riposte immédiatement. Alphonse Baudin s'écroule. Il ne se relèvera pas.

Vous êtes de la merde dans un bas de soie.

Napoléon Ier. Paris, 28 janvier 1809.

Longévité. Ce terme qualifie à merveille la carrière politique de Talleyrand. Faute de pouvoir entrer dans l'armée à la suite d'un accident qui le fait boiter, Charles Maurice de Talleyrand-Périgord choisit la voie ecclésiastique. Bien que dépourvu de toute vocation religieuse, il devient évêque d'Autun en 1788.

Talleyrand est élu aux états généraux, et, sincèrement acquis aux idées nouvelles, il vote la mise à la disposition de la nation de tous les biens du clergé (1789). Condamné comme schismatique par le pape, il obtient le poste de ministre des Relations extérieures sous le Directoire (1797), puis soutient Bonaparte dans son coup d'Etat du 18 brumaire (1799).

Le « diplomate claudiquant » joue alors un rôle de premier plan en Europe dans la négociation des traités qui ponctuent l'ascension napoléonienne (Lunéville, Amiens, Presbourg, Tilsit). Plus favorable à la diplomatie qu'aux ambitions guerrières de l'Empereur — à moins qu'il anticipe le déclin impérial pour mieux ménager son avenir —, Talleyrand s'écarte de Napoléon et perd son ministère en 1807.

Deux ans plus tard, Talleyrand tombe dans la disgrâce complète. Avec Fouché, il a tenté en effet de comploter contre l'Empereur. Début 1809, alors à Madrid, Napoléon prend très au sérieux les rumeurs d'une intrigue qui se tisse à Paris. Impossible de mésestimer les deux hommes. Revenu le plus vite possible dans la capitale, Napoléon ne peut retenir sa colère lorsqu'il retrouve Talleyrand aux Tuileries, le 28 janvier. L'Empereur explose : « Vous êtes un lâche, un voleur, un homme sans foi ; vous avez toute votre vie trompé, trahi ; vous vendriez votre père. (...) Oh, tenez, vous êtes de la merde dans un bas de soie ! »

En avril 1814, Talleyrand fera voter par le Sénat la déchéance de Napoléon et il contribuera au double retour de la monarchie avec le Bourbon Louis XVIII, d'abord en 1814, puis en 1815 (après les Cent-Jours). Ministre des Affaires étrangères de Louis XVIII, Talleyrand va terminer sa carrière politique en soutenant la branche orléaniste qui placera Louis-Philippe sur le trône.

Vous n'avez pas le monopole du cœur.

Valéry Giscard d'Estaing. Paris, le 10 mai 1974.

Douze candidats s'affrontent lors du premier tour de l'élection présidentielle de 1974. Valéry Giscard d'Estaing, quarante-neuf ans, devance largement son principal concurrent de droite, Jacques Chaban-Delmas (32 % des suffrages contre 15 %). Il faut dire que Jacques Chirac avait convaincu quarante-trois députés gaullistes de se prononcer en faveur de ce jeune candidat au détriment de Chaban, leur camarade de parti. Quant à François Mitterrand, il a quasiment fait le plein des voix de gauche dès le premier tour : 43,24 %.

Chacun pressent fort bien que le face-à-face télévisé du vendredi 10 mai pourrait s'avérer décisif. Au début du débat, l'enjeu crispe les adversaires. Puis, progressivement, les banderilles viennent émailler ici ou là le ton convenu des deux protagonistes. Manifestement agacé par l'ascendant que prend François Mitterrand lorsqu'il développe des arguments qui tendent à présenter le candidat du Parti socialiste comme le seul défenseur des classes modestes, Valéry Giscard d'Estaing a cette réplique cinglante : « Je vais vous dire quelque chose : je trouve toujours choquant et blessant de s'arroger le monopole du cœur. Vous n'avez pas, monsieur Mitterrand, le monopole du cœur. »

Uppercut ! La phrase fait mouche. Sur les images d'archives de ce débat, on voit très nettement que François Mitterrand vacille. Il accuse le coup, comme un boxeur sonné. Le 19 mai, au soir du second tour, Valéry Giscard d'Estaing l'emporte d'un cheveu ! Quatre cent mille voix séparent les deux hommes et nombre d'analystes ont affirmé que cette repartie a pesé dans l'addition. Des spécialistes pensent que la formule a pu faire basculer trois cent mille voix.

Comme quoi une petite phrase peut forger un destin !

Ce livre le prouve.

Chronologie

Au fil du temps

Jours après mois,
années après siècles,
l'homme construit son destin.
Chaque scène explose.
Car elle porte la puissance
instantanée des mots
qui forgent ici l'histoire du monde.

390 av. J.-C. Brennus.
Malheur aux vaincus !

279 av. J.-C. Pyrrhus.
Encore une victoire semblable et nous sommes perdus.

61 av. J.-C. Jules César.
Je préférerais être le premier dans ce village plutôt que le second dans Rome.

52 av. J.-C. Caton d'Utique.
Aux grands maux, les grands remèdes.

49 av. J.-C. Jules César.
Alea jacta est.

47 av. J.-C. Jules César.
Veni, vidi, vici.

14 mars 44 av. J.-C. Jules César.
Tu quoque, filii !

Avril 29 ou 30. Ponce Pilate.
Je suis innocent du sang de ce juste !

Avril 29 ou 30. Ponce Pilate.
Voici l'homme !

38-39. Caligula.
Frappe de telle sorte qu'il se sente mourir.

15 janvier 69. Galba.
Frappez donc, puisqu'il le faut !

Avril 69. Othon.
Vainqueur ou vaincu, nous faisons le malheur de la patrie.

Vers 70. Vespasien.
L'argent n'a pas d'odeur.

Juillet 79. Vespasien.
Un empereur doit mourir debout.

486. Clovis.
Souviens-toi du vase de Soissons.

25 décembre 498. Saint Remi.
Courbe doucement la tête, fier Sicambre ; adore ce que tu as brûlé, brûle ce que tu as adoré.

22 juillet 1209. Arnaud Amalric.
Tuez-les tous, Dieu reconnaîtra les siens !

1328. Philippe VI.
Qui m'aime me suive !

1346. Edouard III d'Angleterre.
Honni soit qui mal y pense.

26 août 1346. Philippe VI.
Ouvrez ! Ouvrez ! C'est l'infortuné roi de France.

27 mars 1351.
Bois ton sang, Beaumanoir ! Et ta soif passera.

19 septembre 1356. Philippe le Hardi.
Père, gardez-vous à droite ! Père, gardez-vous à gauche !

30 mai 1431. Pierre Cauchon.
Nous avons brûlé une sainte.

1449. Jacques Cœur.
A cœur vaillant, rien d'impossible.

Février 1525. François Ier.
Tout est perdu, fors l'honneur.

1553. François Rabelais.
La farce est jouée.

23 août 1572. Charles IX.
Tuez-les, mais tuez-les tous pour qu'il n'en reste pas un pour me le reprocher.

23 décembre 1588. Henri III.
Il est encore plus grand mort que vivant.

23 décembre 1588. Henri III.
A présent, je suis roi !

14 mars 1590. Henri IV.
Ralliez-vous à mon panache blanc.

1592. William Shakespeare.
Un cheval, un cheval ! Mon royaume pour un cheval !

Juillet 1593. Henri IV.
Paris vaut bien une messe.

14 mai 1610. Louis XIII.
Si j'y eusse été avec mon épée, je l'eusse tué.

11 novembre 1630. Richelieu.
Leurs majestés parlent de moi ?

22 juin 1633. Galilée.
Et pourtant, elle tourne !

1638. Sully.
Labourage et pâturage sont les deux mamelles de la France.

1642. Pierre Corneille.
Il m'a fait trop de bien pour en dire du mal,
Il m'a fait trop de mal pour en dire du bien.

1648. Mazarin.
Qu'ils chantent ! Pourvu qu'ils paient.

Avril 1655. Louis XIV.
L'Etat, c'est moi !

21 août 1670. Bossuet.
Madame se meurt, Madame est morte !

1680. Attribué à Louis XIV.
J'ai failli attendre.

Août 1715. Louis XIV.
Je m'en vais, mais l'Etat demeurera toujours.

1er septembre 1715. Louis XIV.
Pourquoi pleurez-vous ? M'avez-vous cru immortel ?

1745. Comte d'Auteroche.
Messieurs les Anglais, tirez les premiers.

1750. Mme du Deffand.
Il n'y a que le premier pas qui coûte.

5 novembre 1757. Marquise de Pompadour.
Après nous, le déluge.

28 novembre 1762. Voltaire
Ecrasez l'infâme.

Avril 1766. Voltaire.
Il me paraît essentiel qu'il y ait des gueux ignorants.

19 novembre 1787. Louis XVI.
C'est légal parce que je le veux.

23 juin 1789. Comte de Mirabeau.
Nous sommes ici par la volonté du peuple et nous ne sortirons que par la force des baïonnettes !

14 juillet 1789. François de La Rochefoucauld-Liancourt.
— *Mais, c'est une révolte !*
— *Non, Sire, c'est une révolution.*

17 juillet 1789. Jean Bailly.
Sire, Henri IV avait reconquis son peuple. Aujourd'hui, le peuple a reconquis son roi.

5 octobre 1789. Attribué à Marie-Antoinette.
S'ils n'ont pas de pain, qu'ils mangent de la brioche !

6 octobre 1789. Jean Bailly.
Quel beau jour, Sire, que celui où les Parisiens vont posséder Votre Majesté et sa famille !

2 septembre 1792. Georges Danton.
Il nous faut de l'audace, encore de l'audace, toujours de l'audace et la France est sauvée !

20 janvier 1793. Bertrand Barère de Vieuzac.
L'arbre de la liberté ne saurait croître s'il n'était arrosé du sang des rois.

13 août 1793. Georges Danton.
Après le pain, l'éducation est le premier besoin du peuple.

16 octobre 1793. Marie-Antoinette.
Monsieur, je vous demande excuse, je ne l'ai pas fait exprès.

8 novembre 1793. Manon Roland.
Montez le premier, monsieur, vous n'auriez pas la force de me voir mourir.

8 novembre 1793. Manon Roland.
O liberté, que de crimes on commet en ton nom !

8 décembre 1793. Mme du Barry.
Encore un instant, monsieur le bourreau.

5 avril 1794. Georges Danton.
Tu montreras ma tête au peuple, elle en vaut la peine.

21 juillet 1798. Napoléon Bonaparte.
Soldats, du haut de ces pyramides quarante siècles vous contemplent.

8 mai 1802. Napoléon Bonaparte.
C'est avec des hochets que l'on mène les hommes.

Mars 1804. Antoine Boulay de la Meurthe
C'est pire qu'un crime, c'est une faute.

2 décembre 1805. Napoléon Ier.
Soldats, je suis content de vous !

1808. Gaston de Lévis.
Noblesse oblige.

28 janvier 1809. Napoléon Ier.
Vous êtes de la merde dans un bas de soie.

6 octobre 1814. Talleyrand.
Si cela va sans dire, cela ira encore mieux en le disant.

1815. Louis XVIII.
Il nous a fait plus de mal en se laissant prendre que le jour où il nous a trahis.

18 juin 1815. Pierre Cambronne.
La garde meurt et ne se rend pas.

7 décembre 1815. Michel Ney.
Soldats, droit au cœur !

Mai 1821. Talleyrand.
C'est une nouvelle, ce n'est plus un événement.

Septembre 1824. Louis XVIII.
Allons, finissons-en, Charles attend.

1825. Karl von Clausewitz.
La guerre n'est que la continuation de la politique par d'autres moyens.

Août 1841. François Guizot.
Enrichissez-vous !

26 février 1844. François Guizot.
Je connais l'empire des mots.

Juillet 1848. Louis-Philippe.
La république a bien de la chance ! Elle peut tirer sur le peuple.

5 mai 1850. Martin Nadaud.
Quand le bâtiment va, tout va.

3 décembre 1851. Alphonse Baudin.
Vous allez voir comment on meurt pour vingt-cinq francs !

1853. Victor Hugo.
Et s'il n'en reste qu'un, je serai celui-là.

1853. Henri Monnier.
Le char de l'Etat navigue sur un volcan.

8 septembre 1855. Edme de Mac-Mahon.
J'y suis, j'y reste !

30 mai 1868. Henri Rochefort.
La France contient trente-six millions de sujets, sans compter les sujets de mécontentement.

Juillet 1870. Edmond Lebœuf.
Nous sommes prêts ; il ne manque pas un seul bouton de guêtre.

15 juillet 1870. Emile Ollivier.
J'accepte d'un cœur léger la responsabilité de la guerre.

1er septembre 1870. Gaston de Galliffet.
Tant que vous voudrez, mon général. Tant qu'il en restera un !

17 février 1871. Adolphe Thiers.
Chef, c'est un qualificatif de cuisinier.

10 novembre 1871. Henry Stanley.
Docteur Ligvingstone, je suppose ?

18 avril 1872. Léon Gambetta.
La France n'a jamais demandé que deux choses à un gouvernement : l'ordre et la liberté.

1875. Edme de Mac-Mahon.
C'est donc vous le nègre ? Eh bien, continuez !

1875. Edme de Mac-Mahon.
Que d'eau ! Que d'eau !

15 août 1877. Léon Gambetta.
Messieurs, il faudra se soumettre ou se démettre.

1880. Auguste Blanqui.
Ni Dieu ni maître.

1886. Georges Clemenceau.
La guerre est une chose trop sérieuse pour être confiée à des militaires.

1891. Georges Clemenceau.
Il est mort comme il a vécu, en sous-lieutenant.

1892. Ravachol.
Vive l'anarchie !

4 décembre 1897. Jules Méline.
Il n'y a pas d'affaire Dreyfus.

13 janvier 1898. Emile Zola.
J'accuse !

8 avril 1915. Adjudant Péricard.
Debout les morts !

9 avril 1916. Philippe Pétain.
Courage, on les aura !

4 juillet 1917. Charles Stanton.
La Fayette, nous voici !

Années 1920. Ferdinand Foch.
Je préfère une armée de moutons commandée par un lion, plutôt qu'une armée de lions commandée par un âne.

10 septembre 1939. Paul Reynaud.
Nous vaincrons parce que nous sommes les plus forts.

13 mai 1940. Winston Churchill.
Je n'ai à vous offrir que du sang, du travail, des larmes et de la sueur.

17 juin 1940. Philippe Pétain.
Je fais à la France le don de ma personne.

25 juin 1940. Philippe Pétain.
La terre, elle, ne ment pas.

Juillet 1940. Charles de Gaulle.
La France a perdu une bataille, mais la France n'a pas perdu la guerre.

22 juin 1942. Pierre Laval.
Je souhaite la victoire allemande, parce que, sans elle, le bolchevisme, demain, s'installerait partout.

1954. Charles de Gaulle.
La vieillesse est un naufrage.

4 juin 1958. Charles de Gaulle.
Je vous ai compris !

20 janvier 1961. John Fitzgerald Kennedy.
Ne demandez pas à votre pays ce qu'il peut faire pour vous. Mais plutôt ce que vous pouvez faire pour votre pays.

26 juin 1963. John Fitzgerald Kennedy.
Ich bin ein Berliner !

28 août 1963. Martin Luther King.
I have a dream...

10 janvier 1967. Valéry Giscard d'Estaing.
Oui, mais...

24 juillet 1967. Charles de Gaulle.
Vive le Québec libre !

19 mai 1968. Charles de Gaulle.
La réforme, oui, la chienlit, non !

21 juillet 1969. Neil Armstrong.
C'est un petit pas pour l'homme, mais un grand bond pour l'humanité.

10 mai 1974. Valéry Giscard d'Estaing.
Vous n'avez pas le monopole du cœur.

Mai 1979. Georges Marchais.
Le bilan des pays socialistes est globalement positif.

Lexique biographique

Tribuns
et
gaffeurs

Dans l'histoire de l'humanité,
nombre de personnages affichèrent
un incontestable talent oratoire.
Le plus souvent, cette verve s'exprimait
avec naturel et sincérité.
Cependant, certains s'amusèrent
de formules habilement calculées.
D'autres ciselèrent des expressions
sournoises ou ironiques.
Sans oublier qu'il y eut aussi
les maladroits auteurs de savoureuses bourdes !

A

ARNAUD AMALRIC (?-1225)

Prélat français. Abbé de Cîteaux et légat du pape Innocent III. Mène la croisade contre les albigeois à partir de 1208.

— *Tuez-les tous, Dieu reconnaîtra les siens ! (230)*

ARCHIMÈDE (287-212 av. J.-C.)

Savant grec auteur d'une œuvre scientifique monumentale : en mathématiques, géométrie plane, géométrie dans l'espace, physique (premier traité de statique et principes fondamentaux de l'hydrostatique), mécanique...

— *Eurêka ! (75)*

NEIL ARMSTRONG (1930)

Astronaute américain. Obtient son brevet de pilote à seize ans. Participe à la guerre de Corée. Rejoint la Nasa en 1955. Commandant de la mission Apollo XI. Premier homme à avoir posé le pied sur la Lune (21 juillet 1969).

— *C'est un petit pas pour l'homme, mais un grand bond pour l'humanité. (44)*

AUGUSTE (63 av. J.-C.-14)

Empereur romain (27 av. J.-C.-14), petit-neveu de César (adopté en 45 av. J.-C.). D'abord connu sous le nom d'Octave. Se pose en héritier désigné à la mort de César. Doit cependant composer avec Lépide et Antoine pour former le deuxième triumvirat (43 av. J.-C.) qui élimine l'opposition républicaine au prix d'une sanglante répression. Confisque les possessions africaines de Lépide. Triomphe de Cléopâtre — qui a entraîné Antoine dans un grand rêve d'empire oriental — à Actium (31 av. J.-C.). Annexe l'Egypte et restaure l'unité du monde romain.

— *Acta est fabula.* Voir : *La farce est jouée. (79)*

COMTE D'AUTEROCHE (XVIIIe siècle)

Lieutenant grenadier d'un régiment des gardes-françaises de l'armée de Louis XV.

— *Messieurs les Anglais, tirez les premiers. (158)*

B

JEAN BAILLY (1736-1793)

Astronome et homme politique français. Académie des sciences (1763) et Académie française (1783). Député du tiers état (1789). Président de l'Assemblée nationale (17 juin 1789). Maire de Paris (16 juillet 1789). Au Champ-de-Mars, ordonne à un détachement de la garde nationale de tirer sur la foule venue réclamer la déchéance et le jugement du roi (17 juillet 1791). Quitte Paris quatre mois plus tard. Arrêté à Melun (septembre 1793). Dépose en faveur de la reine au cours du procès de Marie-Antoinette. Condamné à mort. Exécuté sur le

Champ-de-Mars (12 novembre 1793) en mémoire de la fusillade du 17 juillet 1791. A laissé une remarquable *Histoire de l'astronomie* et des *Mémoires d'un témoin de la Révolution* (publiés en 1804).

— *Quel beau jour, Sire, que celui où les Parisiens vont posséder Votre Majesté et sa famille.* Voir : *S'ils n'ont pas de pain, qu'ils mangent de la brioche ! (209)*

— *Sire, Henri IV avait reconquis son peuple. Aujourd'hui, le peuple a reconquis son roi. (211)*

BERTRAND BARÈRE DE VIEUZAC (1755-1841)

Homme politique français. Avocat puis député du tiers état (1789). Réélu à la Convention (1792) dont il devient le président. A ce titre, dirige le procès de Louis XVI. Membre du Comité de salut public (juillet 1793).

— *L'arbre de la liberté ne saurait croître s'il n'était arrosé du sang des rois. (24)*

MME DU BARRY (1743-1793)

Jeanne Bécu épouse Guillaume du Barry en 1768. Devenue la favorite de Louis XV, elle joue de son influence auprès du souverain malgré les railleries de la cour. Elle contribue à la disgrâce de Choiseul. Guillotinée le 8 décembre 1793.

— *Encore un instant, monsieur le bourreau. (64)*

ALPHONSE BAUDIN (1811-1851)

Homme politique français. Député républicain à l'Assemblée législative (1849). Tué sur une barricade au lendemain du coup d'Etat (2 décembre 1851) de Louis Napoléon Bonaparte.

— *Vous allez voir comment on meurt pour vingt-cinq francs ! (245)*

AUGUSTE BLANQUI (1805-1881)

Théoricien du mouvement socialiste français. Familier des idées de Saint-Simon, Fourier et surtout Babeuf. Il préconise l'action révolutionnaire et passe plus de trente ans de sa vie en prison.

— *Ni Dieu ni maître. (164)*

BOSSUET (1627-1704)

Ecrivain, prélat et théologien français. Soutient les missions populaires de saint Vincent de Paul. A partir de 1656, acquiert une large notoriété grâce à la qualité de ses sermons et oraisons funèbres. Evêque de Condom (1669), puis de Meaux (1681). Précepteur de Louis de France, dit le Grand Dauphin, fils de Louis XIV, entre 1670 et 1680.

— *Madame se meurt, Madame est morte ! (149)*

ANTOINE BOULAY DE LA MEURTHE (1761-1847)

Homme politique français ayant servi sous la Révolution, le Directoire, le Consulat et l'Empire. Avocat à Paris, il se rallie à la Révolution dès 1789. Participe à la bataille de Valmy (1792) contre les armées prussiennes et autrichiennes. Président du tribunal civil de Nancy. Soutient le coup d'Etat du 18 brumaire, participe à la rédaction du Code civil. Comte d'Empire en 1808, il reste fidèle à Napoléon pendant les Cent-Jours.

— *C'est pire qu'un crime, c'est une faute. (42)*

BRENNUS (IVe siècle av. J.-C.)

Chef de guerre gaulois que la tradition désigne comme l'envahisseur de Rome (390 av. J.-C.)

— *Malheur aux vaincus ! (Vae victis !) (153)*

C

CALIGULA (12-41)

Empereur romain (37-41). Fils de Germanicus et d'Agrippine l'Aînée (petite-fille d'Auguste Ier). Succède à Tibère (son grand-oncle) en 37. Après quelques mois de règne libéral, sombre dans la folie et devient un tyran sanguinaire. Assassiné par sa garde prétorienne.

— *Frappe de telle sorte qu'il se sente mourir. (86)*

— *J'apure mes comptes.* Voir : *Frappe de telle sorte qu'il se sente mourir.*

PIERRE CAMBRONNE (1770-1842)

Général de brigade français, puis major général de la garde impériale. Accompagne Napoléon Ier à l'île d'Elbe. Participe aux Cent-Jours et à la bataille de Waterloo. Chargé du commandement de la place de Lille de 1820 à 1822.

— *La garde meurt et ne se rend pas. (91)*

CATON D'UTIQUE (93-46 av. J.-C.)

Homme politique romain. Arrière-petit-fils de Caton l'Ancien. Farouche défenseur de la République, se dresse contre Crassus, César et Pompée avant de se rallier finalement à ce dernier. Poursuit la guerre en Afrique après la défaite de Pompée à Pharsale (48 av. J.-C.). Incapable de survivre à la chute de la République, il se suicide.

— *A ceux qui ont fait les grands maux de trouver les grands remèdes.* Voir : *Aux grands maux, les grands remèdes. (28)*

PIERRE CAUCHON (1371-1442)

Prélat français. Recteur de l'Université de Paris, il opte pour le parti des Anglo-Bourguignons et s'oppose donc à la légitimité de Charles VII. Préside avec une légendaire mauvaise foi le tribunal ecclésiastique qui condamne à mort Jeanne d'Arc (capturée dans son diocèse). Reçoit l'évêché de Lisieux en récompense de son opiniâtre mauvaise foi tout au long du procès.

— *Nous avons brûlé une sainte. (167)*

JULES CÉSAR (101-44 av. J.-C.)

Général et homme d'Etat romain. Issu d'une famille patricienne (citoyens romains appartenant à la classe aristocratique), il se lie aux plébéiens (prolétaires) et choisit le parti des *populares*. Forme le premier triumvirat avec Crassus et Pompée (60 av. J.-C.). Ses armées triomphent en Gaule (58-51 av. J.-C.). Après la mort de Crassus (53 av. J.-C.), il écrase Pompée à Pharsale (48 av. J.-C.) et devient le maître du monde méditerranéen. Assassiné au Sénat par des conjurés républicains.

— *Alea jacta est. (17)*
— *Je préférerais être le premier dans ce village plutôt que le second dans Rome. (130)*
— *Tu quoque, filii ! (229)*
— *Veni, vidi, vici. (236)*

CHARLES IX (1550-1574)

Roi de France (1560-1574). Fils d'Henri II et de Catherine de Médicis. Tente de mener une politique d'apaisement à l'égard des protestants avant d'ordonner, à contrecœur, le massacre de la Saint-Barthélemy (24 août 1572).

— *Tuez-les, mais tuez-les tous pour qu'il n'en reste pas un pour me le reprocher. (232)*

FRANÇOIS RENÉ DE CHATEAUBRIAND (1768-1848)

Ecrivain et homme politique français. Carrière militaire interrompue par la Révolution. Il voyage en Amérique (1791), puis se réfugie à Jersey et en Grande-Bretagne (1793). Rayé par Bonaparte de la liste des émigrés, il retrouve la France en 1800. Publie *Atala* (1801) et *René* (1802).

Nommé premier secrétaire d'ambassade à Rome (1803). L'exécution du duc d'Enghien (juin 1804) l'éloigne définitivement de Bonaparte. Voyage en Orient (1806-1807). Publie *Itinéraire de Paris à Jérusalem* (1811). Joue un rôle pendant la Restauration de Louis XVIII (1815). Ambassadeur à Berlin (1820), Londres (1822), puis ministre des Affaires étrangères (1822-1824).

Hostile au règne de Louis-Philippe (1830), il se consacre dès lors à l'écriture. Termine ses célèbres *Mémoires d'outre-tombe* en 1848.

— *Le vice appuyé sur le bras du crime. (237)*

WINSTON CHURCHILL (1874-1965)

Homme politique britannique, figure emblématique de la détermination alliée pendant la Seconde Guerre mondiale. Député (dès 1900) et plusieurs fois ministre. Premier ministre de 1940 à 1945, puis de 1951 à 1955. Prix Nobel de littérature (1953).

— *Je n'ai à vous offrir que du sang, du travail, des larmes et de la sueur. (127)*

KARL VON CLAUSEWITZ (1780-1831)

Général et théoricien militaire prussien issu de la petite-bourgeoisie. Entre dans l'armée prusienne en 1792. Prisonnier par les Français en 1806, libéré en 1808. Par haine de Napoléon Ier, entre au service de la Russie (1812). Revient en Prusse où il devient général et directeur de l'Ecole de guerre (1818).

Ses cours et ses ouvrages (notamment *De la guerre*) lui vaudront une notoriété internationale en matière de stratégie guerrière.

— *La guerre n'est que la continuation de la politique par d'autres moyens. (96)*

GEORGES CLEMENCEAU (1841-1929)

Homme politique français. Médecin. Entre en politique après la chute du Second Empire (4 septembre 1870). Député radical dès 1871. Siège ensuite à l'extrême gauche de l'Assemblée (1876). Prend position en faveur de Dreyfus. Président du Conseil (1906-1909, puis 1917-1920). Surnommé le Tigre et le Père la victoire.

— *Ci-gît Marcellin Berthelot. C'est la seule place qu'il n'ait jamais sollicitée. (51)*

— *Je n'ai pas cherché le pouvoir, je ne vous ferai pas de promesses, je ferai la guerre. Voilà tout !* Voir : *La guerre est une chose trop sérieuse pour être confiée à des militaires.*

— *Il est mort comme il a vécu, en sous-lieutenant. (107)*

— *La guerre est une chose trop sérieuse pour être confiée à des militaires. (94)*

CLOVIS (v. 466-511)

Roi des Francs (481-511), considéré comme l'un des pères de la nation française. Héritier d'un petit domaine entre l'Escaut, la mer du Nord et le Cambrésis, il bat le dernier représentant de l'autorité romaine (Syagrius) à Soissons (486). Porte la frontière de ses Etats jusqu'à la Loire, puis jusqu'au Rhin, avant de conquérir l'Aquitaine (507). Sous l'influence de sa femme, Clotilde, il se convertit au catholicisme (probablement en 498) et obtient ainsi l'appui de ses sujets gallo-romains.

— *Souviens-toi du vase de Soissons ! (219)*

JACQUES CŒUR (1395-1456)

Homme d'affaires français qui connaît une irrésistible ascension sous le règne de Charles VII dont il devient l'argentier (1439).

— *A cœur vaillant, rien d'impossible. (15)*

PIERRE CORNEILLE (1606-1684)

Poète dramatique français. Il travaille sous la protection de Richelieu. Auteur de *Médée* (1635), *Le Cid* (1636), *Horace* (1640), *Cinna* (1641), *Polyeucte* (1642). Entre à l'Académie française (1647). Subit la farouche concurrence de Racine à partir de 1670, année où il écrit *Psyché* en collaboration avec Molière. Renonce au théâtre en 1674.

— *Il m'a fait trop de bien pour en dire du mal,*
Il m'a fait trop de mal pour en dire du bien. (108)

D

GEORGES DANTON (1759-1794)

Homme politique français. Avocat, il se jette avec enthousiasme dans le mouvement révolutionnaire. Personnalité controversée : patriote pur et sincère pour les uns, opportuniste vénal pour les autres. Fonde le club des Cordeliers (1790), prépare activement la journée du 10 août 1792 (déchéance du roi), devient ministre de la Justice (11 août 1792), siège à la Convention (septembre 1792), participe à la création du Tribunal révolutionnaire (mars 1793) et du Comité de salut public (avril 1793). Guillotiné le 5 avril 1794.

— *Après le pain, l'éducation est le premier besoin du peuple. (22)*

— *Il nous faut de l'audace, encore de l'audace, toujours de l'audace, et la France est sauvée ! (114)*

— *Mon fils ne m'appartient plus, il est à la République.* Voir : *Après le pain, l'éducation est le premier besoin du peuple.*

— *On n'emporte pas sa patrie à la semelle de ses souliers.* Voir : *Tu montreras ma tête au peuple, elle en vaut la peine.*

— *Tu montreras ma tête au peuple, elle en vaut la peine. (228)*

MME DU DEFFAND (1697-1780)

Née Marie de Vichy-Chamrond, elle reçoit dans son célèbre salon les plus illustres écrivains de l'époque. Elle laissera une imposante correspondance (notamment avec Voltaire et d'Alembert).

— *Il n'y a que le premier pas qui coûte. (117)*

E

EDOUARD III (1312-1377)

Roi d'Angleterre (1327-1377). Petit-fils de Philippe IV le Bel par sa mère (Isabelle de France), il revendique la couronne française en 1337 et déclenche ainsi la guerre de Cent Ans.

— *Honni soit qui mal y pense. (99)*

F

FERDINAND FOCH (1851-1929)

Polytechnicien, commandant de l'Ecole supérieure de guerre (1907), auteur de traités de stratégie militaire. Contribue à la première victoire de la Marne (septembre 1914). Remplace Pétain à la tête de l'état-major général de l'armée (1917). Nommé généralissime des armées (avril 1918), il remporte la seconde victoire de la Marne (juillet 1918). Déclenche l'offensive générale du 8 août 1918 qui se solde par la défaite allemande. Maréchal de France (début août 1918). Signe l'armistice qui met fin à la Première Guerre mondiale (11 novembre 1918). Académicien français (1918).

— *Je préfère une armée de moutons commandée par un lion, plutôt qu'une armée de lions commandée par un âne. (129)*

FRANÇOIS IER (1494-1547)

Roi de France. Règne marqué par une opposition permanente à l'empereur germanique Charles Quint. Construit un Etat moderne et centralisé, renforce l'absolutisme royal, développe la vie de cour. Protecteur des arts et promoteur de la Renaissance. Dans un premier temps, tolère la Réforme avant de la combattre. Fait construire les châteaux de Chambord, Fontainebleau et Saint-Germain-en-Laye. Fonde le Collège de France et impose la rédaction en français des actes notariés et juridiques (ordonnance de Villers-Cotterêts, 1539).

— *Car tel est notre bon plaisir. (35)*
— *Souvent femme varie. Bien fol est qui s'y fie. (218)*
— *Tout est perdu, fors l'honneur. (226)*

G

GALBA (5 av. J.-C.-69)

Empereur romain (68-69). S'associe à la révolte du général gaulois Vindex. Succède à Néron.

— *Frappez donc, puisqu'il le faut ! (88)*

GALILÉE (1564-1642)

Physicien et astronome italien. Introduit les mathématiques dans la description des phénomènes physiques, pose les fondements de la mécanique d'après des études expérimentales, découvre les lois du mouvement pendulaire, énonce le principe de l'inertie, observe les quatre satellites de Jupiter et l'anneau de Saturne. Célèbre pour avoir courageusement défendu et développé les théories coperniciennes.

— *Et pourtant, elle tourne ! (70)*

GASTON DE GALLIFFET (1830-1909)

Général français. Placé à la tête des chasseurs d'Afrique au début de la guerre de 1870. Commandant l'armée de Versailles, il réprime avec violence la Commune (mars-mai 1871). Gouverneur de Paris (1880), ministre de la Guerre dans le cabinet Waldeck-Rousseau (1899).

— *Tant que vous voudrez, mon général. Tant qu'il en restera un ! (221)*

LÉON GAMBETTA (1838-1882)

Homme politique français. Avocat en 1860, il se spécialise dans la défense des républicains. Mène une carrière politique à partir des législatives de mai 1869. Un des fondateurs de la IIIe République. S'oppose avec virulence à la politique de l'Ordre moral prônée par Mac-Mahon entre 1873 et 1877. Président du Conseil (novembre 1881), il tente de former son « grand ministère » d'union républicaine, renversé dès le 27 janvier 1882.

— *Messieurs, il faudra se soumettre ou se démettre. (155)*
— *La France n'a jamais demandé que deux choses à un gouvernement : l'ordre et la liberté. (85)*

CHARLES DE GAULLE (1890-1970)

Homme d'Etat et général français. Appelé comme sous-secrétaire à la Défense nationale le 5 juin 1940, il s'oppose aux partisans de l'armistice (Weygand et Pétain), gagne Londres et lance son célèbre appel du 18 juin. Il organise les Forces françaises libres, puis coordonne l'action de la résistance intérieure. Président du Gouvernement provisoire (juin 1944-janvier 1946). Investi chef du gouvernement le 1er juin 1958, il devient le premier président (alors élu par un collège de grands électeurs) de la Ve République en décembre 1958. Réélu en 1965, cette fois au suffrage universel, face à François Mitterrand. Sort habilement de la chausse-trappe de mai 1968, mais échoue sur le référendum d'avril 1969.

— *C'est beau, c'est grand, c'est généreux, la France.* Voir : *Je vous ai compris.*
— *La France a perdu une bataille, mais la France n'a pas perdu la guerre. (80)*
— *Je vous ai compris. (134)*
— *Le pouvoir n'est pas à prendre, mais à ramasser.* Voir : *Je vous ai compris.*
— *La réforme, oui, la chienlit, non ! (199)*
— *La vieillesse est un naufrage. (240)*
— *Vive le Québec libre ! (242)*

EMILE DE GIRARDIN (1806-1881)

Journaliste et homme politique français. Père de la presse moderne à grand tirage et à prix modique. Notamment grâce à l'introduction de la publicité et des petites annonces.

— *Gouverner, c'est prévoir. (92)*

VALÉRY GISCARD D'ESTAING (1926)

Homme d'Etat français. Ministre de l'Economie et des Finances (1962-1966, 1969-1974), sous la présidence de Charles de Gaulle, puis celle de Georges Pompidou. Président de la République de 1974 à 1981.

— *Oui, mais... (179)*
— *Vous n'avez pas le monopole du cœur. (248)*

FRANÇOIS GUIZOT (1787-1874)

Homme politique et historien français. Issu d'une famille protestante nîmoise. Etudie à Genève, puis s'installe à Paris (1805). Professeur d'histoire à la Sorbonne (1812), il se rallie à la Restauration de Louis XVIII (1814). Combat les ordonnances de juillet 1830 imposées par Charles X. Il contribue ensuite à l'établissement de la monarchie de Juillet et devient ministre de Louis-Philippe. A l'Instruction publique (1832-1837), puis aux Affaires étrangères (1840-1847), avant de présider le Conseil (1847-1848). L'insurrection de 1848 conduit le roi à le renvoyer (23 février). Académicien français (1836).

— *Enrichissez-vous. (67)*
— *Je connais l'empire des mots. (123)*

H

HENRI III (1551-1589)

Roi de France (1574-1589). Dernier souverain de la lignée des Valois, troisième fils d'Henri II et de Catherine de Médecis. Alors lieutenant général, il remporte sur les protestants les batailles de Jarnac et Moncontour (1569). Roi de Pologne (1573), il revient en France pour succéder à son frère, Charles IX (1574). Il fait assassiner Henri de Guise (1588). Meurt poignardé par un dominicain (1589).

— *A présent, je suis roi ! (20)*
— *Il est encore plus grand mort que vivant. (104)*

HENRI IV (1553-1610)

Roi de France (1589-1610). Premier roi Bourbon. Elevé dans le protestantisme par sa mère, Jeanne d'Albret. Succède à Henri III (1589). Se convertit au catholicisme (1593). Sacré à Chartres (1594). Met fin aux guerres de religion en promulguant l'édit de Nantes (1598). Epouse en secondes noces Marie de Médicis (1600). Notamment conseillé par Sully, il redresse l'économie du pays. Assassiné par le moine fanatique Ravaillac (1610).

— *Paris vaut bien une messe. (185)*
— *Ralliez-vous à mon panache blanc. (197)*

VICTOR HUGO (1802-1885)

Ecrivain prolifique français, poète, homme politique partisan d'une démocratie libérale et humanitaire. Député en 1848, ce fils d'un général du Premier Empire s'exile après le coup d'Etat de Louis Napoléon Bonaparte (2 décembre 1851). Il écrit alors

Les Châtiments (1853), célèbre satire dirigée contre Napoléon III. Revient d'exil en 1870. A notamment publié *La Légende des siècles, Les Misérables, Les Travailleurs de la mer, Quatre-vingt-treize.*

— *Et s'il n'en reste qu'un, je serai celui-là. (72)*

HUMBERT Ier (1844-1900)

Roi d'Italie (1878-1900). Fils et successeur de Victor-Emmanuel II. Assassiné en 1900 par l'anarchiste Bresci.

— *Ce sont les risques du métier. (36)*

K

ALPHONSE KARR (1808-1890)

Journaliste et écrivain français. Son plus célèbre roman s'intitule *Sous les tilleuls* (1832).

— *Le journalisme mène à tout à condition d'en sortir. (137)*

JOHN FITZGERALD KENNEDY (1917-1963)

Trente-cinquième président (démocrate) des Etats-Unis (1961-1963). Originaire d'une famille irlandaise catholique et fortunée. Au cours d'une campagne électorale particulièrement active, il défend un programme de réformes sociales et d'intégration raciale. Elu de justesse (cent vingt mille voix d'écart sur soixante-dix millions de suffrages) face au républicain Richard Nixon. Assassiné à Dallas (Texas) le 22 novembre 1963.

— *Ich bin ein Berliner ! (103)*

— *Ne demandez pas à votre pays ce qu'il peut faire pour vous. Mais plutôt ce que vous pouvez faire pour votre pays. (163)*

MARTIN LUTHER KING (1929-1968)

Pasteur baptiste noir américain. Lutte contre la discrimination raciale aux Etats-Unis en prêchant la non-violence. Prix Nobel de la paix (1964). Assassiné le 4 avril 1968.

— *I have a dream... (101)*

L

FRANÇOIS DE LA ROCHEFOUCAUD-LIANCOURT (1747-1827)

Grand maître de la garde-robe de Louis XVI. Agronome et philanthrope. S'inspire de l'exemple britannique pour créer une ferme modèle en Picardie. Emigre en Angleterre puis aux Etats-Unis en 1792. Rentre en France sous le Consulat.

— *Mais, c'est une révolte ! — Non, Sire, c'est une révolution. (152)*

PIERRE LAVAL (1883-1945)

Homme politique français. Avocat, député socialiste (1914-1919). Sénateur (1927-1940). Président du Conseil (1931-1932 et 1935-1936). Retour à la politique après la défaite de juin 1940. Vice-président du gouvernement de Vichy. Institue la Relève puis le Service du travail obligatoire (STO). Cautionne la promulgation des lois raciales, l'instauration de la Milice, les perquisitions et restrictions de toutes sortes. Fuit en Autriche après la victoire alliée. Arrêté par les Américains à Innsbruck (juillet 1945). Déféré devant la haute cour de justice (4 octobre 1945). Condamné à mort et exécuté à la prison de Fresnes (15 octobre 1945).

— *Je souhaite la victoire allemande, parce que, sans elle, le bolchevisme, demain, s'installerait partout. (131)*

EDMOND LEBŒUF (1809-1888)

Général français. Elève de l'Ecole polytechnique, il gagne ses galons de général pendant la guerre de Crimée. Devient l'aide de camp personnel de Napoléon III qui le place au ministère de la Guerre (1869). Reçoit son bâton de maréchal en mars 1870.

— *Nous sommes prêts ; il ne manque pas un seul bouton de guêtre. (174)*

GASTON DE LÉVIS (1755-1830)

Descendant d'une noble lignée qui prend racine au XIIe siècle. Homme politique, député aux états généraux (1789), royaliste convaincu. Académicien français (1816).

— *Noblesse oblige. (166)*

LOUIS XIII (1601-1643)

Roi de France (1610-1643). Fils d'Henri IV et de Marie de Médicis. Fait assassiner Concini (1617) qui assurait la régence avec sa mère. Richelieu devient son principal conseiller (1624). Mazarin le remplace (1642). Jusqu'à la naissance d'un dauphin en 1638 (futur Louis XIV), il surmonte de multiples cabales et complots, notamment fomentés par sa mère, sa femme (Anne d'Autriche) et son frère.

— *A cette heure, je suis roi.* Voir : *A présent je suis roi ! (20)*

— *Si j'y eusse été avec mon épée, je l'eusse tué. (207)*

LOUIS XIV (1638-1715)

Roi de France (1643-1715). Il n'a que cinq ans à la mort de son père (Louis XIII). Mazarin et sa mère (Anne d'Autriche) exercent une régence troublée par la Fronde (1648-1652) qui marque profondément la jeunesse du futur Roi-Soleil. Au point de faire naître chez lui un désir d'absolutisme. Gouverne réellement à partir de la mort de Mazarin (1661). Concentre tous les pouvoirs entre ses mains, réduit la noblesse à un rôle de figuration, mais sait s'entourer de conseillers compétents (Colbert, Louvois, Vauban, Turenne). Mène une politique de prestige (fait construire Versailles où il s'installe en 1672) et de conquêtes militaires (guerres de Dévolution, de Hollande, de Succession d'Espagne). Révoque l'édit de Nantes (1685) qui assurait la liberté de culte et de conscience aux protestants depuis 1598. Protecteur des arts (Molière, Racine, Le Brun, Lully, Mansart), il contribue au rayonnement culturel de la France. A sa mort (le futur Louis XV, son arrière-petit-fils n'a que cinq ans), la Régence trouve un pays confronté à une grave crise à la fois politique, économique et financière.

— *L'Etat, c'est moi. (73)*
— *J'ai failli attendre. (122)*
— *Je m'en vais, mais l'Etat demeurera toujours. (126)*
— *Pourquoi pleurez-vous ? M'avez-vous cru immortel ? (188)*

LOUIS XV (1710-1774)

Roi de France (1715-1774). Succède à Louis XIV, son arrière-grand-père, à l'âge de cinq ans. Régence assurée par le neveu de Louis XIV (Philippe d'Orléans) jusqu'en 1723, puis par le duc de Bourbon jusqu'en 1726. De 1726 à 1743, le cardinal de Fleury gère le royaume. Le roi se décide à gouverner à partir de 1743. Règne marqué par la guerre de Sept Ans (1756-1763) qui aboutit à la perte du Canada et des Indes. Intelligent, mais velléitaire et versatile, il se laisse influencer par ses favoris et maîtresses (Mme de Pompadour, Mme du Barry).

— *Qu'ai-je donc fait pour être aimé de la sorte ?* Voir : *Après nous le déluge. (23)*

LOUIS XVI (1754-1793)

Roi de France (1774-1792). Timide, solitaire et indécis. Marié à Marie-Antoinette d'Autriche en 1770. La déroute financière (due en partie aux dépenses inconsidérées de la cour) et la crise politique (1787-1788) mènent à la Révolution. Il repousse le principe d'une monarchie constitutionnelle et sa fuite manquée de 1791 achève de le rendre impopulaire. Après la chute de la royauté (10 août 1792), il est enfermé au Temple avec sa famille, puis condamné à mort et exécuté le 21 janvier 1793.

— *C'est légal parce que je le veux. (39)*

LOUIS XVIII (1755-1824)

Roi de France (1814-1815, 1815-1824). Emigré dès juin 1791, il restaure une monarchie constitutionnelle garantie par une Charte (juin 1814). Exilé à Gand pendant les Cent-Jours, il retrouve son trône en juillet 1815. Tente de mener une politique modérée tout en subissant la pression des ultraroyalistes.

— *Allons, finissons-en, Charles attend. (18)*
— *Il nous a fait plus de mal en se laissant prendre que le jour où il nous a trahis. (112)*
— *Je n'ai pas le malheur de craindre mon peuple.* Voir : *Le vice appuyé sur le bras du crime. (237)*

LOUIS-PHILIPPE IER (1773-1850)

Roi des Français et non plus « de France » (1830-1848). Fils de Philippe Egalité (qui avait opté pour la Révolution et voté la mort de son cousin Louis XVI). Ancien membre du club des Jacobins, prend lui aussi parti pour la Révolution et participe aux batailles de Valmy et de Jemmapes. La bourgeoisie libérale le pousse sur le trône après les Trois Glorieuses (insurrection parisienne des 27, 28, 29 juillet 1830). C'est le début de la monarchie de Juillet. François Guizot devient son homme de confiance en 1840. Doit à son tour abdiquer au moment de la révolution de février 1848. Se réfugie en Angleterre.

— *La république a bien de la chance ! Elle peut tirer sur le peuple. (202)*

M

EDME DE MAC-MAHON (1808-1893)

Homme politique français. Originaire d'une famille irlandaise, il se distingue dans les armées de Napoléon III. Duc de Magenta, maréchal de France. Monarchiste... mais néanmoins président de la République entre 1873 et 1879.

— *C'est donc vous le nègre ? Eh bien, continuez ! (38)*
— *J'y suis, j'y reste ! (139)*
— *La typhoïde ? Je l'ai eue ! On en meurt ou en reste idiot. (234)*
— *Que d'eau ! Que d'eau ! (192)*

GEORGES MARCHAIS (1920-1997)

Homme politique français. Secrétaire général du Parti communiste français de 1972 à 1994. Accepte d'élaborer un programme commun de la gauche avec le Parti socialiste, stratégie qui conduit François Mitterrand à la présidence de la République en mai 1981.

— *Le bilan des pays socialistes est globalement positif. (31)*

MARIE-ANTOINETTE (1755-1793)

Archiduchesse d'Autriche, mariée en 1770 au futur Louis XVI dont le règne commence quatre ans plus tard. Peu perméable à l'esprit des Lumières, elle a une forte influence sur le roi, notamment pendant la Révolution. Refusant toute conciliation, elle rejette l'idée d'une monarchie constitutionnelle. Emprisonnée en août 1792, puis jugée par le Tribunal révolutionnaire, elle meurt sur l'échafaud le 16 octobre 1793.

— *Monsieur, je vous demande excuse, je ne l'ai pas fait exprès. (160)*
— *S'ils n'ont pas de pain, qu'ils mangent de la brioche ! (209)*

MAZARIN (1602-1661)
Cardinal d'origine italienne. Principal collaborateur de Richelieu, il lui succède à la fin du règne de Louis XIII. Conforté sous la régence d'Anne d'Autriche, Louis XIV le laisse gouverner jusqu'en 1661. Réprime la Fronde, met fin à la guerre de Trente Ans et au conflit avec l'Espagne.

— *Qu'ils chantent ! Pourvu qu'ils paient. (193)*

JULES MÉLINE (1838-1925)
Homme politique français. Ministre de l'Agriculture (1883-1885) et président du Conseil (1896-1898).

— *Il n'y a pas d'affaire Dreyfus. (117)*

COMTE DE MIRABEAU (1749-1791)
Elu pour représenter le tiers état d'Aix-en-Provence aux Etats généraux de 1789. Brillant orateur, il joue un rôle décisif dans les premières années de la Révolution. Intelligent, passionné, ambitieux et parfois violent, il participe à la rédaction de la Déclaration des droits de l'homme.

— *Nous sommes ici par la volonté du peuple et nous ne sortirons que par la force des baïonnettes ! (171)*

HENRI MONNIER (1799-1877)

Dessinateur caricaturiste, écrivain et acteur français. Auteur de comédies pour lesquelles il crée le personnage d'un bourgeois infatué, Joseph Prudhomme.

— *Le char de l'Etat navigue sur un volcan. (47)*

N

MARTIN NADAUD (1815-1898)

Homme politique français. Ancien ouvrier maçon devenu député socialiste de la Creuse en 1849, puis républicain modéré de 1876 à 1889.

— *Quand le bâtiment va, tout va. (191)*

NAPOLÉON IER (1769-1821)

Empereur des Français (1804-1814 et 1815). Issu d'une famille de la petite noblesse corse. Etudes militaires à Brienne, puis Paris. Réprime le soulèvement royaliste (5 octobre 1795), sauve ainsi la Convention et devient alors chef de l'armée de l'intérieur. Le Directoire succède à la Révolution (26 octobre 1795). Général en chef de l'armée d'Italie (1796), il remporte les batailles de Lodi, Rivoli et Arcole. Campagne d'Egypte (1798) : prise d'Alexandrie et victoire des Pyramides. Coup d'Etat du 18 brumaire (9 novembre 1799). Napoléon Bonaparte devient Premier consul (13 décembre 1799), consul à vie (1802), puis empereur des Français sous le nom de Napoléon Ier (2 décembre 1804). Victoires d'Austerlitz (1805), Iéna (1806), Friedland (1807) et Wagram (1809). La campagne de Russie se solde par un terrible échec (1812). Vaincu en 1813 à Leipzig par l'assaut général des coalisés (Angleterre, Autriche, Russie,

Prusse et Suède). Abdique le 6 avril 1814. Retour de l'île d'Elbe (mars 1815). Période des Cent-Jours. Vaincu à Waterloo (18 juin 1815). Meurt dans son exil de Sainte-Hélène (5 mai 1821). Moult outils de l'administration publique qu'il mit en œuvre sont toujours en vigueur aujourd'hui.

— *C'est avec des hochets que l'on mène les hommes. (37)*
— *Soldats, du haut de ces pyramides, quarante siècles vous contemplent ! (215)*
— *Soldats, je suis content de vous ! (217)*
— *Vous êtes de la merde dans un bas de soie. (246)*

NÉRON (37-68)

Empereur romain (54-68). Fils d'Agrippine la Jeune, neveu de Caligula et arrière-arrière-petit-fils d'Auguste. Il symbolise la tyrannie sanguinaire mêlée à la folie. Empoisonne Britannicus (55), fait assassiner sa propre mère (59) et condamne à mort le philosophe Sénèque, son ancien précepteur et conseiller (65). Accusé d'avoir mis le feu à Rome, il rejette la responsabilité de ce crime sur les chrétiens et déclenche contre eux une terrible répression.

— *Quel artiste périt avec moi !* Voir : *Frappez donc, puisqu'il le faut ! (88)*

MICHEL NEY (1769-1815)

Maréchal français. Engagé dans l'armée en 1788, il fait une brillante carrière militaire. D'abord sous la Révolution, puis pendant l'Empire. Maréchal (1804), il se distingue notamment à Iéna (1806), Friedland (1807) et lors de la campagne de Russie (1812). Rallié à Louis XVIII après l'abdication de Napoléon, il renoue avec l'Empereur déchu qu'il devait arrêter. Participe à ses côtés à la période des Cent-Jours. Exécuté pour trahison à la cause royaliste (7 décembre 1815).

— *Soldats, droit au cœur. (213)*

O

EMILE OLLIVIER (1825-1913)

Avocat et homme politique. Elu républicain au Corps législatif (1857), il se rapproche de Napoléon III à partir de 1860. Ministre entre le 2 janvier et le 9 août 1870 au sein du « cabinet des bonnes volontés ». Après la capitulation de Sedan (2 septembre 1870), il doit se réfugier en Italie jusqu'en 1873.

— *J'accepte d'un cœur léger la responsabilité de la guerre. (119)*

OTHON (32-69)

Empereur romain (janvier 69-avril 69). Soutient tout d'abord Galba qui succède à Néron en 68. Fait massacrer Galba et Pison Licinianus (désigné comme successeur) le 14 janvier 69. Se suicide en avril 69.

— *Vainqueurs ou vaincus, nous faisons le malheur de la patrie. (235)*

P

PÉRICARD

Adjudant, puis lieutenant, au 95ᵉ régiment d'infanterie pendant la Première Guerre mondiale.

— *Debout les morts ! (57)*

PHILIPPE PETAIN (1856-1951)

Général en 1914, son action est décisive dans la défense de Verdun (1916). Commandant en chef des armées (1917), maréchal (1918). Demande l'armistice en juin 1940. Installe le gouvernement à Vichy (1er juillet) et obtient des Assemblées les pleins pouvoirs (10 juillet). Accepte la politique collaborationniste, les lois raciales, les déportations de Juifs, la création de la Milice. Condamné à mort par la haute cour (août 1945), il voit sa peine commuée en détention perpétuelle (fort du Portalet puis l'île d'Yeu).

— *C'est le cœur serré que je vous dis aujourd'hui qu'il faut cesser le combat.* Voir : *Je fais à la France le don de ma personne.*
— *Courage, on les aura ! (52)*
— *L'esprit de jouissance détruit ce que l'esprit de sacrifice a édifié.* Voir : *La terre, elle, ne ment pas.*
— *Je fais à la France le don de ma personne. (125)*
— *Je hais les mensonges qui vous ont fait tant de mal.* Voir : *La terre, elle, ne ment pas.*
— *La terre, elle, ne ment pas. (223)*

PHILIPPE VI (1293-1350)

Roi de France (1328-1350), neveu de Philippe IV le Bel. Premier des Valois. Succède au dernier des Capétiens (Charles IV le Bel). Son règne est marqué par les débuts de la guerre de Cent Ans.

— *Qui m'aime me suive ! (194)*
— *Ouvrez ! Ouvrez ! C'est l'infortuné roi de France. (181)*

PHILIPPE LE HARDI (1342-1404)

Duc de Bourgogne (1363-1404). Quatrième fils de Jean II le Bon et de Bonne de Luxembourg. Participe à la bataille de Maupertuis (1356). Prisonnier des Anglais, il rentre en France en 1360 et reçoit la Touraine puis la Bourgogne.

— *Père, gardez-vous à droite ! Père, gardez-vous à gauche ! (187)*

PONCE PILATE (Ier siècle apr. J.-C.)

Gouverneur romain de Judée entre 26 et 36. Célèbre par le rôle que les évangélistes lui donnent dans le procès de Jésus-Christ qu'il abandonne à la foule juive réclamant sa mort. Exilé (ou exécuté) par l'empereur romain de l'époque, Tibère. D'aucuns lui ont édifié une conversion chrétienne et une mort en martyr.

— *Je suis innocent du sang de ce juste ! (133)*
— *Voici l'homme ! (244)*

MARQUISE DE POMPADOUR (1721-1764)

De son vrai nom Jeanne-Antoinette Poisson. Fréquente les salons. Puis se lie avec Fontenelle et Voltaire. En 1745, elle devient la maîtresse de Louis XV qui, jusqu'à sa mort, lui conserve une sincère amitié.

— *Après nous, le déluge. (23)*

PYRRHUS (319-272 av. J.-C.)

Brillant général grec et roi d'Epire (295-272 av. J.-C.). Echoue dans ses conquêtes italiennes.

— *Encore une victoire semblable et nous sommes perdus. (65)*

R

FRANÇOIS RABELAIS (1494-1553)

Ecrivain français, moine et médecin. Auteur de savoureuses épopées (*Pantagruel* et *Gargantua*) où se mélangent culture savante et traditions populaires.

— *La farce est jouée. (79)*

RAVACHOL (1859-1892)

Anarchiste français (François Claudius Kœnigstein, dit Ravachol, père d'origine hollando-allemande). Commet des vols, des crimes de droit commun, puis des attentats au nom de la cause anarchiste. Guillotiné le 11 juillet 1892.

— *Vive l'anarchie ! (241)*

SAINT REMI (v. 437-v. 530)

Evêque de Reims qui organise l'évangélisation de l'est de la France. Il contribue à convertir Clovis au catholicisme et le baptise (probablement le 25 décembre 498).

— *Courbe doucement la tête, fier Sicambre ; adore ce que tu as brûlé, brûle ce que tu as adoré. (54)*

PAUL REYNAUD (1878-1966)

Homme politique français. Député dès 1919, plusieurs fois ministre puis président du Conseil (mars 1940-juin 1940). Mis en minorité par les partisans de l'armistice, il démissionne le 16 juin 1940. Déporté en Allemagne (1942-1945) et réélu député à la Libération (1946-1962), il se fait un ardent défenseur de l'unité européenne.

— *Nous vaincrons parce que nous sommes les plus forts. (176)*

RICHARD III (1452-1485)

Roi d'Angleterre (famille d'York) entre 1483 et 1485, après avoir fait assassiner ses deux neveux. Vaincu (et tué) à la bataille de Bosworth (1485) par Henri Tudor (héritier des Lancastre) qui devient roi d'Angleterre sous le nom d'Henri VII.

— *Un cheval, un cheval ! Mon royaume pour un cheval ! (49)*

RICHELIEU (1585-1642)

Armand Jean du Plessis (cardinal de). Prélat et homme politique français. Evêque de Luçon (1607), délégué du clergé aux états généraux de 1614, secrétaire d'Etat à la Guerre et aux Affaires étrangères (1616). Principal ministre de Louis XIII de 1624 à 1642, il obtient la reddition de La Rochelle (1628), signe l'édit de grâce d'Alès avec les protestants (1629), engage la France dans la guerre de Trente Ans (1635), combat le jansénisme naissant, réforme l'administration, met en place une fiscalité écrasante, restaure l'autorité royale, développe le commerce, encourage la création d'un empire colonial, fonde l'Académie française (1635), etc. Mazarin lui succède.

— *Leurs Majestés parlent de moi ? (146)*

HENRI ROCHEFORT (1831-1913)

Vaudevilliste, journaliste et homme politique français. De son vrai nom Victor Henri, marquis de Rochefort-Luçay. Polémiste à la plume acerbe, il combat Napoléon III, soutient les communards, puis se range derrière les nationalistes. Fonde notamment *La Lanterne* (1868), *La Marseillaise* (1869), *Le Mot d'ordre* (1871) et *L'Intransigeant* (1880).

— *La France contient trente-six millions de sujets, sans compter les sujets de mécontentement. (82)*

MANON ROLAND (1754-1793)

Jeanne Marie (dite Manon) Phlipon épouse Jean-Marie Roland de La Platière (1780) qui adhère aux idées révolutionnaires dès 1789. Le couple s'installe à Paris en 1791. Sa beauté, son courage, son talent d'écriture et son enthousiasme auront un incontestable ascendant sur le mouvement girondin dont elle devient une sorte d'égérie. Guillotinée le 8 novembre 1793.

— *O liberté, que de crimes on commet en ton nom ! (177)*
— *Montez le premier, monsieur, vous n'auriez pas la force de me voir mourir. (161)*

S

CÉCILE SOREL (1873-1966)

D'abord actrice de la Comédie-Française (1903-1933), elle entame ensuite une carrière au music-hall avant de rejoindre les franciscaines (1952).

— *L'ai-je bien descendu ? (141)*

HENRY STANLEY (1841-1904)

Journaliste et explorateur anglais. Retrouve le médecin David Livingstone sur la rive nord-est du lac Tanganyika (1871). Traverse l'Afrique équatoriale d'est en ouest. Passe au service de l'Association africaine internationale fondée par Léopold II de Belgique. Explore le Congo.

— *Docteur Livingstone, je suppose ? (59)*

CHARLES STANTON

Colonel dans le corps expéditionnaire américain (commandé par le général John Pershing) venu appuyer (1917) les troupes alliées franco-britanniques pendant la Première Guerre mondiale.

— *La Fayette, nous voici ! (144)*

SULLY (1559-1641)

Homme politique français (Maximilien de Béthune, baron de Rosny, puis duc de Sully). Surintendant des Finances d'Henri IV, il œuvre au redressement de l'économie, affaiblie par les guerres de religion, en donnant notamment la primauté à l'agriculture.

— *Labourage et pâturage sont les deux mamelles de la France. (142)*

T

CHARLES DE TALLEYRAND (1754-1838)

Diplomate et homme politique français d'abord engagé dans la voie ecclésiastique (évêque d'Autun). Député aux Etats généraux, ministre des Relations extérieures de 1797 à 1807. Il intrigue contre Napoléon (qu'il contribua pourtant à porter au pouvoir le 18 brumaire). Devenu ministre des Affaires étrangères de Louis XVIII (1815), il représente la France au congrès de Vienne. A servi la Révolution, le Directoire, l'Empire et la monarchie (Louis XVIII et Louis-Philippe).

— *C'est une nouvelle, ce n'est plus un événement. (46)*

— *Si cela va sans dire, cela ira encore mieux en le disant. (205)*

ADOLPHE THIERS (1797-1877)

Homme politique français. D'abord avocat. Entre en politique après les journées révolutionnaires de juillet 1830 (Trois Glorieuses) et l'abdication de Charles X. Soutient l'idée d'une monarchie constitutionnelle de type anglais. Favorable à l'orléaniste Louis-Philippe. Ministre de l'Intérieur (1832), de l'Agriculture (1834), de l'Intérieur et des Affaires étrangères (1834-1836). Se rallie au gouvernement provisoire de la IIe République (février 1848). Appuie la candidature de Louis Napoléon, mais s'oppose au Second Empire. Revient à la politique avec la chute de Napoléon III. Elu à l'Assemblée nationale en février 1871. Chef du gouvernement d'union nationale. Réprime violemment la Commune (semaine sanglante du 22-28 mai 1871). Président de la République (août 1871-mai 1873). Académicien français (1833).

— *Chef, c'est un qualificatif de cuisinier. (48)*

V

VESPASIEN (9-79)

Empereur romain (69-79), il restaure l'ordre après une longue période de guerres civiles et après deux années d'incertitudes politiques dues à la chute de Néron. Entreprend de grands travaux (Capitole et Colisée) et s'attache à assainir les finances. Institue la succession dynastique héréditaire et choisit son fils aîné, Titus, pour lui succéder.

— *Je m'aperçois que je commence à devenir dieu.* Voir : *Un empereur doit mourir debout.*
— *L'argent n'a pas d'odeur. (26)*
— *Un empereur doit mourir debout. (63)*

VOLTAIRE (1694-1778)

Ecrivain et philosophe français, François Marie Arouet (dit Voltaire) compose d'abord des textes épiques (1723-1728), puis des tragédies inspirées de Shakespeare (1732). Transpose ses mésaventures de courtisan dans *Zadig* (1747). S'installe à Ferney (Ain), aujourd'hui à la frontière suisse, à partir de 1758.

Auteur de pamphlets antireligieux, il lutte aussi contre toutes les formes de la superstition dans son *Traité sur la tolérance* (1763) et dans son *Dictionnaire philosophique portatif* (1764). Ses contes alertes et ironiques, dits philosophiques, attaquent sans relâche les institutions politiques et sociales du XVIIIe siècle. A notamment écrit *Le Siècle de Louis XIV* (1751), *Essai sur les mœurs et l'esprit des nations* (1756), *Candide* (1759), *Jeannot et Colin* (1764), *L'Ingénu* (1767)...

— *Ce sont des bœufs auxquels il faut un joug, un aiguillon et du foin.* Voir : *Il me paraît essentiel qu'il y ait des gueux ignorants.*

— *Ecrasez l'infâme. (61)*

— *Il me paraît essentiel qu'il y ait des gueux ignorants. (110)*

Z

EMILE ZOLA (1840-1902)

Ecrivain et journaliste français. Chef de file du naturalisme, il compose la fresque romanesque des *Rougon-Macquart* (1871-1893), soit vingt volumes qui constituent la célèbre *Histoire naturelle et sociale d'une famille sous le Second Empire ;* avec notamment : *L'Assommoir, Nana, Pot-Bouille, Au bonheur des dames, Germinal, La Bête humaine...*

— *J'accuse ! (120)*

Bibliographie succincte

Ageron C.-R., *Histoire de l'Algérie contemporaine, 1830-1968*, PUF, 1990.

Agulhon M., *Les Quarante-huitards*, Gallimard, 1975.

Agulhon M., *La République de Jules Ferry à François Mitterrand (1880-1995)*, Hachette, 1997.

Antoine M., *Louis XV*, Fayard, 1989.

Aron R., *L'Opium des intellectuels*, Calmann-Lévy, 1965.

Audoin-Rouzeau S., *Les Combattants des tranchées*, Armand Colin, 1986.

Autrand F., *Charles V le Sage*, Fayard, 1994.

Autrand F., *Charles VI*, Fayard, 1986.

Azéma J.-P. et Bédarida F., *1938-1948, les années de tourmente, dictionnaire critique*, Flammarion, 1995.

Azéma J.-P. et Bédarida F., *Vichy et les Français*, Fayard, 1992.

Azéma J.-P. et Bédarida F., dir., *La France des années noires*, Seuil, 1993.

Babelon J.-B., *Henri IV*, Fayard, 1982.

Baldwin J.W., *Philippe Auguste*, Fayard, 1991.

Bayard F., *Le Monde des financiers au* XVIIe *siècle*, Fayard, 1988.

Beaune C., *Naissance de la nation française*, Gallimard, 1985.

Becker J.-J., *La France en guerre. La grande mutation*, Complexe, 1988.

Becker J.-J., *L'Europe dans la Grande Guerre*, Belin, 1996.

Bély L., dir., *La France moderne, 1498-1789*, PUF, 1994.
Bergeron L., *L'Episode napoléonien, aspects intérieurs, 1799-1815*, Seuil, 1972.
Bertaud J.-P., *La Vie quotidienne au temps de la Révolution*, Hachette, 1983.
Bertier de Sauvigny G., *La Restauration*, Flammarion, 1990.
Bertier de Sauvigny G., *La Révolution de 1830 en France*, Armand Colin, 1970.
Borne D. et Dubief H., *La Crise des années 30*, Seuil, 1989.
Blaise A., dir., *Chronique de l'humanité*, Editions Chronique, 1990.
Bloch M., *La Société féodale*, 2 tomes, Albin Michel, 1967-1968.
Bloch M., *L'Etrange Défaite*, Gallimard, 1990.
Bluche F., dir., *Dictionnaire du Grand Siècle*, Fayard, 1990.
Bluche F., *Louis XIV*, Fayard, 1986.
Bordes F., *Leçons sur le paléolithique*, CNRS, 1984.
Boudet J., *Les Mots de l'histoire*, Robert Laffont, 1990.
Bouloiseau M., *La République jacobine, 1792-1794*, Seuil, 1972.
Bourdrel Ph., *La Cagoule*, Albin Michel, 1992.
Braudel F. et Labrousse E., dir., *Histoire économique et sociale de la France*, 5 tomes, PUF, 1993.
Burke P., *Louis XIV, les stratégies de la gloire*, Seuil, 1995.
Cabanis J., *Le Sacre de Napoléon (2 décembre 1804)*, Gallimard, 1994.
Cazelles R., *Etienne Marcel*, Tallandier, 1984.
Charle C., *Histoire sociale de la France au* XIXe *siècle*, Seuil, 1991.
Chartier R., *Les Origines culturelles de la Révolution française*, Seuil, 1991.
Chateaubriand F.R. de, *Mémoires d'outre-tombe*, Gallimard, coll. Quarto, 1997.
Châtelet F., dir., *Histoire des idéologies*, 3 tomes, Hachette, 1978.
Chaunu P., *La Civilisation de l'Europe classique*, Arthaud, 1984.
Chevalier P., *Henri III*, Fayard, 1985.
Chevalier P., *Louis XIII*, Fayard, 1983.

Cloulas I., *Catherine de Médicis*, Fayard, 1979.
Cointet M. et J.-P., dir., *Dictionnaire historique de la France sous l'Occupation*, Tallandier, 2000.
Comte-Sponville A., *Dictionnaire philosophique*, PUF, 2001.
Contamine P., *Au temps de la guerre de Cent Ans*, Hachette, 1994.
Cornette J., *Histoire de la France : absolutisme et Lumières*, Hachette, 1993.
Cornette J., dir., *La France de la monarchie absolue (1610-1715)*, Seuil, 1997.
Crémieux-Brilhac J.-L., *Les Français de l'an 40*, Gallimard, 1990.
Dansette A., *Le Second Empire*, 2 tomes, Hachette, 1972.
Dansette A., *Histoire religieuse de la France contemporaine*, Flammarion, 1965.
Darnton R., *L'Aventure de l'Encyclopédie, 1775-1800*, Seuil, 1982.
Decaux A. et Castelot A., dir., *Dictionnaire d'histoire de France*, Librairie académique Perrin, 1981.
Delaplace C. et France J., *Histoire des Gaules*, Armand Colin, 1995.
Delumeau J., *Naissance et affirmation de la Réforme*, PUF, 1965.
Delumeau J., *La Civilisation de la Renaissance*, Arthaud, 1967.
Delumeau J. et Lequin Y., dir., *Les Malheurs des temps. Histoire des fléaux et des calamités en France*, Larousse, 1987.
Dessert D., *Fouquet*, Fayard, 1987.
Dessert D., *Argent, pouvoir et société au Grand Siècle*, Fayard, 1984.
Duby G., *Guerriers et paysans (VIIe-XIIIe)*, Gallimard, 1973.
Duby G., *L'An Mil*, Gallimard, 1973.
Duby G., *Le chevalier, la femme et le prêtre*, Hachette, 1981.
Duby G., *Le Moyen Age : de Hugues Capet à Jeanne d'Arc*, Hachette, 1987.
Duccini H., *Concini*, Albin Michel, 1991.
Dulong C., *La Fortune de Mazarin*, Librairie académique Perrin, 1991.

Durand Y., *Les Fermiers généraux*, Maisonneuve et Larose, 1970.
Durliat M., *Des Barbares à l'an mil*, Mazenod, 1985.
Duval P.-M., *La Vie quotidienne en Gaule pendant la paix romaine*, Hachette, 1976.
Elias N., *La Société de cour*, Flammarion, 1985.
Faral E., *La Vie quotidienne au temps de Saint Louis*, Hachette, 1942.
Faure E., *La Banqueroute de Law*, Gallimard, 1977.
Favier J., *Philippe le Bel*, Fayard, 1978.
Favier J., dir., *La France médiévale*, Fayard, 1983.
Favier J., *La Guerre de Cent Ans*, Fayard, 1980.
Ferro M., *Pétain*, Fayard, 1987.
Fourastié J., *Les Trente Glorieuses ou la Révolution invisible de 1946 à 1975*, Fayard, 1979.
Fournier G., *Les Mérovingiens*, PUF, 1966.
Fourquin G., *Les Campagnes de la région parisienne à la fin du Moyen Âge*, PUF, 1964.
Furet F., *Penser la Révolution*, Gallimard, 1982.
Furet F., *La Révolution, 1770-1814*, Hachette, 1988.
Furet F. et Ozouf M., *Dictionnaire critique de la Révolution française*, 4 tomes, Flammarion, 1988.
Furet F. et Richet D., *La Révolution française*, 2 tomes, Hachette, 1965.
Garrisson J., *Les Protestants au XVI*e, Fayard, 1988.
Garrisson J., *L'Edit de Nantes et sa révocation*, Seuil, 1985.
Gaulle Ch. de, *Discours et messages*, t. III, IV et V, Plon, 1970.
Gaulle Ch. de, *Mémoires de guerre*, Plon, 1961.
Gaxotte P., *La France de Louis XIV*, Hachette, 1968.
Girard L., *Napoléon III*, Fayard, 1986.
Godechot J., *La Prise de la Bastille (14 juillet 1789)*, Gallimard, 1965.
Godechot J., *Les Révolutions (1770-1799)*, PUF, 1965.
Goubert P., *Louis XIV et vingt millions de Français*, Fayard, 1991.
Goubert P., *Mazarin*, Fayard, 1990.

Goubert P. et Roche D., *L'Ancien Régime*, Armand Colin, 1984.
Goubert P. et Denis M., *1789, les Français ont la parole*, Julliard-Gallimard, 1989.
Gros P., *La France gallo-romaine*, Nathan, 1991.
Guillemin H., *Le Coup du 2 décembre*, Gallimard, 1952.
Henry G., *Guillaume le Conquérant*, France Empire, 1996.
Jacquart J., *François Ier*, Fayard, 1981.
Jacquart J., *Bayard*, Fayard, 1987.
Jouhaud C., *Mazarinades : la fronde des mots*, Aubier, 1985.
Julliard J., *La IVe République*, Hachette, 1980.
Junqua D. et Lazar M., dir., *L'Histoire au jour le jour (1944-1985)*, 4 tomes, *Le Monde*, septembre 1985, novembre 1985, mai 1986, octobre 1986.
Kendall P.M., *Louis XI*, Fayard, 1974.
Kupferman F., *Laval*, Balland, 1987.
Lachiver M., *Les Années de misère. La famine au temps du grand roi*, Fayard, 1991.
Lacouture J., *Pierre Mendès France*, Seuil, 1981.
Lacouture J., *Léon Blum*, Seuil, 1979.
Law J., *1000 Great Lives*, Market House Books Ltd, 1996.
Lebédel C., *Chronologie de l'histoire de France*, Editions Ouest-France, 2001.
Lefebvre G., *Le Directoire*, Messidor, 1983.
Lefebvre G., *La Grande Peur de 1789*, Armand Colin, 1988.
Le Glay M., *Rome, grandeur et chute de l'Empire*, Librairie académique Perrin, 1992.
Le Goff J., *Les Intellectuels au Moyen Âge*, Seuil, rééd. 1985.
Le Goff J., *Saint Louis*, Gallimard, 1996.
Legrand J., dir., *Chronique du XXe siècle*, Larousse, 1987.
Leguai A., *La Guerre de Cent Ans*, Nathan, 1974.
Lelong C., *La Vie quotidienne en Gaule à l'époque mérovingienne*, Hachette, 1963.
Le Roy Ladurie E., *Montaillou, village occitan, de 1294 à 1324*, Gallimard, 1975.
Lever E., *Louis XVI*, Fayard, 1985.
Maitron J., *Ravachol et les anarchistes*, Gallimard, 1992.

Mauroy P., *A gauche*, Albin Michel, 1985.
Marseille J., *Nouvelle Histoire de la France*, Librairie académique Perrin, 1999.
Marseille J., dir., *Les Grands Evénements de l'histoire du monde*, Larousse, 1992.
Méthivier A., *La Fronde*, PUF, 1984.
Meyer J., *Le Régent*, Ramsay, 1985.
Meyer J., *Colbert*, Hachette, 1981.
Michelet J., *Histoire de la Révolution*, Robert Laffont, coll. Bouquins, 1979.
Mollat M., *Jacques Cœur*, Aubier, 1988.
Monnet J., *Mémoires*, Fayard, 1976.
Mourre M., *Dictionnaire d'histoire universelle*, Editions universitaires, 2 tomes, 1968.
Murat I., *Colbert*, Fayard, 1980.
Noiriel G., *Les Ouvriers dans la société française*, Seuil, 1986.
Oates S., *Martin Luther King*, Le Centurion, 1985.
O'Connell D., *Les Propos de Saint Louis*, Gallimard, 1974.
Oldenbourg Z., *Le Bûcher de Montségur (16 mars 1244)*, Gallimard, 1959.
Pacaut M., *L'Ordre de Cluny*, Fayard, 1986.
Paxton R., *La France de Vichy, 1940-1944*, Seuil, 1973.
Péan P., *Une jeunesse française. François Mitterrand (1934-1947)*, Fayard, 1994.
Pelletier A., *La Femme dans la société gallo-romaine*, Picard, 1984.
Pernot M., *La Fronde*, Editions de Fallois, 1994.
Pernoud R. et Clin M.-V., *Jeanne d'Arc*, Fayard, 1986.
Perroy E., *La Guerre de Cent Ans*, Gallimard, 1945.
Peyrefitte A., dir., *Le Monde contemporain, 1946-1990*, Chêne-Hachette, 1991.
Peyrefitte A., *Le Mal français*, Plon, 1976.
Perlès C., *Préhistoire du feu*, Masson, 1977.
Pfister T., *La Vie quotidienne à Matignon au temps de l'Union de la gauche*, Hachette, 1985.
Ragon M., *Histoire de la littérature prolétarienne de langue française*, Albin Michel, 1986.

Rémond R., *Notre siècle (1918-1995)*, Fayard, 1996.
Rémond R., *Les Droites en France*, Aubier, 1982.
Riché P., *Education et culture dans l'Occident barbare*, Seuil, 1973.
Riché P., *La Vie quotidienne dans l'Empire carolingien*, Hachette, 1973.
Roche D., *Le Peuple de Paris*, Aubier, 1981.
Roche D., *La France des Lumières*, Fayard, 1993.
Roth F., *La Guerre de 1870*, Fayard, 1990.
Rougerie J., *La Commune*, PUF, 1988.
Rousselle A., *Croire et guérir. La foi en Gaule dans l'Antiquité tardive*, Fayard, 1990.
Sivery G., *Saint Louis et son siècle*, Tallandier, 1983.
Sivery G., *Philippe Auguste*, Plon, 1993.
Soboul A., *Les Sans-culottes parisiens de l'an II*, Seuil, 1979.
Solnon J.-F., *La Cour de France*, Fayard, 1987.
Tackett T., *Par la volonté du peuple*, Albin Michel, 1997.
Tessier G., *Charlemagne*, Albin Michel, 1967.
Theis L., *Dagobert. Un roi pour un peuple*, Fayard, 1982.
Touchard J., *Le Gaullisme (1940-1969)*, Seuil, 1978.
Tulard J., *Napoléon ou le mythe du sauveur*, Hachette, 1988.
Vincenot H., *La Vie quotidienne des paysans bourguignons au temps de Lamartine*, Hachette, 1976.
Vovelle M., *Religion et Révolution, la déchristianisation de l'an II*, Hachette, 1976.
Vovelle M., *La Mentalité révolutionnaire*, Messidor, 1985.
Wahiche D., dir., *Chronologie d'histoire de France*, Larousse-Bordas, 1997.
Waresquiel E., *Histoire de la Restauration*, Librairie académique Perrin, 1996.
Wenzler C., *Généalogie des rois de France et épouses royales*, Editions Ouest-France, 2001.
Winock M., *Le Siècle des intellectuels*, Seuil, 1997.
Winock M., *Chronique des années soixante*, Seuil, 1987.
Wolff P., *L'Eveil intellectuel de l'Europe*, Seuil, coll. Points, 1971.

Woronoff D., *Histoire de l'industrie en France, du* XVIe *siècle à nos jours*, Seuil, 1994.
Woronoff D., *La République bourgeoise de Thermidor à Brumaire, 1794-1799*, Seuil, 1972.
Zeldin Th., *Histoire des passions françaises*, Seuil, 1981.

Table d'orientation

DU MÊME AUTEUR

Les Châteaux du Cotentin, Editions Ouest-France, 1979.
Traditions et légendes en Normandie, Ocep, 1980 ; rééditions en 1981, 1983 et 1988.
La Poudre d'une roue, Les Prouvaires, 1980.
La Dame blanche, Luneau-Ascot, 1980.
Terre de mémoire, Ocep, 1981.
Les Eglises du Cotentin, Editions Ouest-France, 1982.
Eclats, Les Prouvaires, 1983.
Rouen, J.-P. Gyss éditeur, 1983.
Les Conquérants de la Terre Verte, Hermé, 1985.
Danton, le tribun de la Révolution, Pierre-Marcel Favre (Lausanne), 1987.
Raimu, Ramsay, 1988.
Milord l'Arsouille, Albin Michel, 1989.
Erik le Viking, Belfond, 1992.
Contes et légendes en terres de France, Editions Ouest-France, 2000.
Peurs, croyances et superstitions, Editions Ouest-France, 2001.
Contes et légendes des mers du monde, Editions Ouest-France, 2001.
Danse avec le diable, Hachette Littératures, 2002.

La composition de cet ouvrage
a été réalisée par Nord Compo
à Villeneuve-d'Ascq,
l'impression et le brochage ont été effectués
sur presse Cameron dans les ateliers
de Bussière Camedan Imprimeries
à Saint-Amand-Montrond (Cher),
pour le compte des Éditions Albin Michel.

Achevé d'imprimer en mars 2003.
N° d'édition : 21462. N° d'impression : 031582/4.
Dépôt légal : avril 2003.
Imprimé en France